Die Welt aus Wellensittich-Sicht

Gesucht und gefunden

Nichts geht über einen guten Freund oder eine tolle Freundin. Wellensittiche suchen ihresgleichen und bekunden ihre Freundschaft mit gegenseitiger Gefiederpflege, zarten Tönen und eifrigem Schnäbeln. Einzelhaltung wäre eine Zumutung für die geselligen Vögel.

Aufgeplustert

Da sitzt ein kleiner Federball. Diesem Wellensittich ist es offensichtlich kalt, und er plustert sich auf. Das gibt mehr Volumen und dämmt. Sollte es nicht kalt sein, sind abstehende Federn auch ein Zeichen dafür, dass es dem Vogel nicht gut geht.

Dünn gemacht

Wellensittiche haben viele Feinde. Droht Gefahr, machen sie sich ganz schlank, damit sie nicht auffallen, oder suchen ihr Heil in der Flucht. Sie haben Angst, wenn man sie in die Hand nimmt, denn das gleicht dem Griff eines Raubvogels.

Ganz schön gesprächig

Bei Wellis ist es selten still, denn sie haben sich immer etwas zu erzählen. Mal wird leise und liebevoll gezwitschert, mal fröhlich getschilpt. Manchmal machen sie ihrem Ärger durch lautes Zetern Luft. Nur zur Schlafenszeit wird es ruhiger und es ertönt ein müdes Gemurmel.

Adleraugen

Wellensittiche haben gute Augen, mit denen sie innerhalb kürzester Zeit viele Bilder aufnehmen können. Durch die seitlich liegenden Augen und den beweglichen Hals haben sie einen Rundumblick, und das alles noch glasklar und in Farbe.

Praktisches Handwerkszeug

Zwar fehlen den Vögeln die Hände, doch dafür haben sie geschickte Füße, mit denen sie klettern und sich festhalten können. Auch der Schnabel ist ein prima Handwerkszeug, mit dem sie raffiniert Körner entspelzen können.

Füße mit Vibrationsalarm

Wellensittiche haben Sensoren in den Beinen, mit denen sie kleinste Erschütterungen wahrnehmen können. Zum Beispiel, wenn sich eine Schlange im australischen Busch nähert. Allerdings spüren sie auch das Brummen des Kühlschrankes.

Müde bin ich, geh zur Ruh

Zum Schlafen fliegen die Wellis auf einen Ast, ziehen ein Bein an und stecken ihren Kopf unter einen Flügel, sozusagen als integrierte Bettdecke. Für uns sieht diese Haltung nicht sehr bequem aus, aber ihnen scheint es zu gefallen.

Verspielte Vögel

Für Spiel und Spaß sind die kleinen Papageien immer zu haben: Zwar begegnen sie allem Neuen mit Respekt, doch bald siegt die Neugier, und alles wird erkundet, beknabbert und erklommen. Spielen macht auch Wellis Spaß.

Inhalt

1

2

3

1

Kaufen und versorgen

Was fliegt denn da?

Wilde Wellis aus Down under

Und plötzlich ist der Himmel grün: Entdecken die Wellis frisches Gras, fallen sie gleich in ganzen Schwärmen ein.

Irgendwo in Australien. Trockene Steppen, Wüsten, ausgedörrter Boden. Nach monatelanger Trockenheit fallen endlich die ersten Tropfen vom Himmel. Darauf hat die Natur nur gewartet. Innerhalb kürzester Zeit wächst und blüht das sonst so trockene Land. Und wie aus dem Nichts sind sie da: ein Schwarm wilder Wellensittiche.

Wenn die Regenzeit einsetzt und geeignete Baumhöhlen vorhanden sind, beginnt die Balz.

Das bunte Treiben der Wandervögel

Wellensittiche sind ständig auf Achse. Sie ziehen in großen Schwärmen kreuz und quer über den roten Kontinent, immer auf der Suche nach Wasserstellen und frischem Grün. Mal sind sie am Ayers Rock, mal in anderen Wüsten- oder Steppenregionen, nur die Küste meiden sie. Die Wellis sind richtige Wandervögel und ziehen von einem Landschaftsstrich zum nächsten. Deshalb gehören sie auch zu den Strichvögeln.

Schnelle Brüter

Wenn die Wellensittiche einen grünen Fleck mit üppigem Graswuchs gefunden haben, lässt sich der Schwarm nieder. Und wenn noch alte Eukalyptus- oder Gummibäume mit zahlreichen Astlöchern und Baumhöhlen in der Nähe stehen, gibt es kein Halten mehr, denn nun sind die Bedingungen für die Aufzucht optimal.

Die Löcher der Bäume, die im Notfall auch ein wenig vergrößert werden, bieten ideale Nisthöhlen, in die das Weibchen vier bis sechs Eier legt. Da günstige Bedingungen auf dem trockenen Kontinent recht selten sind, nutzen die Vögel die Gunst der Stunde und bebrüten gleich mehrere Gelege nacheinander. Wenn alles wieder ausgetrocknet ist, wird das Brutgeschäft eingestellt und der Schwarm zieht weiter.

Schlafplatz mit Ausguck: Kurz vor Einbruch der Dämmerung sammeln sich alle Wellensittiche in den Ästen der Schlafbäume.

Gemeinsam sind sie stark: ein Leben im Schwarm

Ein Wellensittich kommt niemals allein. Die kleinen grünen Papageien leben immer in Schwärmen von bis zu 50 oder 60 Tieren und machen alles gemeinsam. Sie fliegen zusammen Wasserlöcher an, sie suchen gemeinsam nach Futter. Ein Vogel gibt den Startschuss, die anderen folgen. Wer von ihnen das eigentliche Aufbruchssignal gibt, weiß man nicht. Nachts sitzen sie dicht an dicht auf ihren Schlafbäumen. Bei Trockenheit schließen sich mehrere Schwärme zusammen und bilden einen Riesenschwarm.

Das Leben in der Gruppe hat durchaus seine Vorteile: Viele Augen sehen mehr als zwei, sowohl Feinde als auch Nahrung. Geflogen wird immer in einer bestimmten Formation. So haben Feinde aus der Luft wenig Möglichkeiten, sich auf ein Einzeltier zu konzentrieren und einen einzelnen Vogel aus dem Schwarm zu fangen.

Tipp: Mitbewohner gesucht

Doch nicht nur die australischen Wellensittiche wollen Kontakt zu Artgenossen. Auch unsere Wellis brauchen mindestens einen Kumpel, denn sie sind auf sozialen Kontakt angewiesen. Auch wenn Sie sich als Vogelfreund noch so liebevoll um Ihren Welli kümmern, können Sie einen Artgenossen nicht ersetzen.

Erst mal auftanken: Besonders in den trockenen, heißen Regionen Australiens ist Wasser überlebenswichtig.

Von Australien um die ganze Welt

Wie der Welli zum Kosmopolit wurde

Wilde Wellensittiche gibt es nur in Grün.

Per Schiff um die ganze Welt

Das 19. Jahrhundert war das Jahrhundert der Seefahrer. Auf der Suche nach neuen Handelsrouten wurden auch die entferntesten Ecken der Welt erforscht. John Gould, ein englischer Naturforscher, schrieb eines der ersten großen wissenschaftlichen Bücher über die australische Vogelwelt, und darin berichtete er über seine Beobachtungen an frei lebenden Wellensittichen.
John Gould brachte wahrscheinlich auch die ersten lebenden Vögel um 1840 nach England, wo sie auf großes Interesse und viel Bewunderung stießen.

Im 19. Jahrhundert lagen Wellis voll im Trend. Jeder, der etwas auf sich hielt und es sich leisten konnte, hatte einen Wellensittich.

En vogue – Wellis waren Trend

Wer etwas auf sich hielt, hielt einen Wellensittich – oder mehrere. Wellensittiche waren noch sehr selten in Europa und dadurch sehr teuer. Nur die besser Situierten konnten sich die kleinen grünen Vögel leisten. Wellis waren also eine Art Statussymbol, aber so beliebt, dass sie bald massenhaft importiert wurden. Ganze Schiffsladungen von Wellensittichen wurden nach Europa verfrachtet – trotz der damals hohen Verlustraten durch ungeeignete Fangmethoden und Transportbedingungen. Da der Vogel in Australien in scheinbar unbegrenzter Zahl zur Verfügung stand, glaubte man, Abertausende fangen zu können.

Ausfuhrverbot und Wellizucht

1894, gut 50 Jahre später, reichte es der australischen Regierung, und sie erließ ein Ausfuhrverbot für einheimische Vögel. Das hätte das Ende der Heimtierkarriere sein können, doch die eingeführten Wellis fühlten sich

Gut 30 Jahre später, nachdem die Wellis in unsere Haushalte eingezogen waren, gab es die ersten Farbmutationen: Erst gelbe und dann blaue Vögel.

recht wohl und brüteten auch in Gefangenschaft, sodass die ersten Zuchten glückten. Einige Gewiefte witterten das große Geschäft und züchteten Wellensittiche, was das Zeug hielt. Doch durch die Massenzucht begann der Preisverfall, und bald konnte sich fast jeder einen Welli leisten. Dadurch wurde der Welli-Boom für die Geschäftsleute uninteressant und sie suchten neue Marktlücken. Von da an lag die Sittichzucht in den Händen privater Liebhaber.

Grün, Gelb, Himmelblau – die ersten Farbvariationen

Schon bald traten die ersten Mutationen auf: farbliche Abweichungen vom Wildtyp. 1872 schlüpften die ersten gelben Wellensittiche, auch ganz gelbe, also Lutinos, gab es. Sie verschwanden aber wieder, da man die geschlechtsgebundene Vererbung nicht kannte und dadurch die Vögel nicht gezielt vermehren konnte. In Belgien tauchten im Jahre 1878 die ersten himmelblauen Vögel auf. Man kann sich heute kaum mehr vorstellen, wie begeistert die Wellensittichfreunde von diesen Farbvarianten waren.

Nach und nach entstanden weitere, zum Teil ganz erstaunliche Farbvariationen, die zu der heute kaum mehr überschaubaren Vielfalt bei unseren Hausgenossen führten.

Ganz schön zahm

Die Zucht hat nicht nur ein buntes Farbenspiel hervorgebracht. Sie hatte auch eine andere angenehme Nebenwirkung: Die Wellis haben sich an die Menschen gewöhnt und sind viel zahmer geworden, vor allem die etwas behäbigeren Schauwellensittiche. Ansonsten haben sie aber ihr ursprüngliches Wellensittichverhalten nicht abgelegt.

EXTRA

Ein kleines Wunderwerk

Der Bauplan der Wellis

Wellensittiche sind schon ein kleines Wunderwerk der Natur. Die Federbälle wiegen nur 30 bis 40 Gramm, können aber Tausende von Kilometern fliegen.

Der Kopf

Mit den seitlich am Kopf liegenden Augen und dem Hals, der zu beiden Seiten um 180° gedreht werden kann, haben Wellensittiche eine gute Rundumsicht. Sie erfassen blitzschnell, was um sie herum geschieht, was der Rest des Schwarms macht, ob Feinde lauern oder ob Fressbares in Sicht ist.

Die Gehörgänge liegen gut versteckt unter dem Gefieder, doch das tut dem Gehör keinen Abbruch. Wellis verstehen sehr gut, was ihre Artgenossen zu sagen haben.

Wellis besitzen einen typischen Papageienschnabel, ein Multifunktionswerkzeug zum Festhalten, Greifen, Knacken und Entspelzen. Wenn die kleinen Vögel vorsichtig ihre Körner enthüllen, sieht es richtig manierlich aus.

Geschickte Füße

Die Füße der Wellensittiche weisen vier Zehen auf, zwei davon zeigen nach vorn und zwei nach hinten. Damit können sie gut Äste umgreifen und klettern. Die Krallen bieten das nötige „Profil“, damit sie nicht abrutschen. Im Gegensatz zu manch anderen Vogelarten hüpfen Wellensittiche nicht. Sie bewegen sich nur trippelnd fort, wenn sie zu Fuß gehen müssen.

Alles aufs Fliegen ausgelegt
Nicht nur Schwingen, Gefieder und Schwanz sind aufs Fliegen ausgelegt, sondern der ganze Körperbau. Das Knochengerüst ist sehr leicht, da die Knochen innen hohl sind, und die Brustmuskulatur, der Antrieb der Schwingen, ist besonders stark ausgeprägt. Auch das Herz-Kreislauf-System entspricht dem eines Spitzensportlers. Das Herz ist im Verhältnis fast doppelt so schwer wie bei einem Säugetier und schlägt zwischen 240- bis 600-mal pro Minute. Auch die Lunge muss kräftig mitarbeiten, um die Muskulatur mit Sauerstoff zu versorgen: Ein Welli holt 75- bis 95-mal Luft in der Minute. Auch die Körpertemperatur ist ziemlich hoch und liegt bei 40 bis 41 °C.

Die Schwingen
Die Flügel des Wellensittichs tragen ihn über weite Strecken und lassen sich für riskante Flugmanöver einsetzen. Je nach Spreizung der Schwungfedern und des Schwanzes kann der Vogel die Richtung ändern, zum Sturzflug ansetzen oder sich bereit zur Landung machen.

Gut geschmiert
Bis auf die Beine und den Schnabelrand ist die Haut des Wellensittichs mit Federn bedeckt. Das Gefieder dient zur Wärmeregulierung und zur Flugfähigkeit. Die Haut selbst besitzt keine Schweiß- oder Talgdrüsen. Dafür haben Wellis eine Bürzeldrüse, die ein Sekret absondert. Mit dem Sekret fetten die Vögel ihre Federn ein und machen sie dadurch Wasser und Staub abweisend. Anscheinend beinhaltet es auch eine Art körpereigenes Fungizid, mit dem Pilze abgetötet werden.

Grün, Gelb, Blau und Buntgescheckt

Wellensittiche in allen Farben

Der eine ist grün, der andere blau, dort sitzt ein blau-gelber und dort ein gräulicher. Kaum ein Wellensittich gleicht dem anderen. In dem kunterbunten Vogelschwarm gibt es verschiedene Farbrichtungen, die nun vorgestellt werden.

Hansibubis und Schauwellensittiche

Bei den Wellis gibt es zwei Zuchtrichtungen: die kleineren und flinkeren Hansibubis und die größeren, etwas schwerfälligeren Schauwellensittiche.

Hansibubi

Der Hansibubi entspricht am ehesten der ursprünglichen Form. Er ist ein kleiner, schlanker und lebhafter Vogel, der sehr gut fliegen kann. Robust und wenig krankheitsanfällig wird er ca. 11 Jahre alt (in seltenen Fällen alter).

Standard oder Schauwellensittich

In England haben die Züchter einen Standard in Bezug auf die Körperform, das Aussehen und die Haltung festgelegt, dem die Vögel auf Ausstellungen möglichst entsprechen sollen. So entstand der Schauwellensittich. Diese Tiere sind deutlich größer als ein Wellensittich des „Wildtyps", haben einen größeren, runderen Kopf mit großer Maske und sollen mit schönen runden Kehltupfen geschmückt sein. Der Schnabel liegt eingezogen zwischen dem Kopfgefieder.
Durch ihre Größe sind die Schauwellis allerdings auch etwas träger, neigen eher zu Übergewicht und sind durch mangelnde genetische Vielfalt krankheitsanfälliger als die Hansibubis. Zwischen den beiden Zuchtformen liegt der Halbstandard.

Von links nach rechts: Männlicher Australischer Schecke, gelbgesichtig, hellblau. Wellensittichweibchen, Opalin, dunkelgrün. Schneeweiß mit roten Augen, ein Albino.

Links sitzt ein Rainbow, sogar mit blauen Füßen! Und rechts ein schön gelbes Lutinopärchen.

Eine Wissenschaft für sich

Die Wellensittichzucht ist eine Wissenschaft für sich, bei der man ein wenig Ahnung von Genetik haben sollte. Die ursprünglichen Wellensittiche waren grün. Durch eine Mutation kamen blaue und gelbe zustande. Da Wellensittiche oft spalterbig sind, ergeben sich viele Kombinationen.

Die Blau- und Grünreihe

In der Zucht wird in Blau- und Grünreihe unterschieden. Fehlt der gelbe Farbstoff, entsteht aus dem grünen Wellensittich ein blauer. Grüne vererben gegenüber Blauen immer dominant. Das bedeutet, dass bei der Verpaarung eines grünen mit einem blauen Wellensittich alle Jungen grün sind, wenn der grüne Vogel nicht spalterbig in Blau war (was oft der Fall ist). In diesem Fall ist rechnerisch die Hälfte der Jungen blau. Daraus folgt: Ein grüner Vogel kann die Anlagen für blaue Gefiederfarbe in sich tragen, ohne dass man dies erkennt, und diese Eigenschaft bei geeigneter Verpaarung an seine Nachkommet weitergeben. Ein blauer Vogel kann aber niemals spalterbig in Grün sein. Und blaue Vögel, miteinander verpaart, werden niemals grüne Nachkommen erzeugen.

Lutinos

Bei den gelben „Lutinos“ ist nur noch der gelbe Farbstoff vorhanden; der Vogel erscheint in der Grünreihe als dottergelber Vogel und hat durch den durchscheinenden Blutfarbstoff rote Augen. Fehlt ihm auch noch der gelbe Farbstoff (Blaureihe), ist er reinweiß und wird als Albino bezeichnet.

Spangle

Es gibt aber auch weiße und gelbe Vögel mit schwarzen Augen. So gefärbt sind zum Beispiel doppelfaktorige „Spangle“: Die hellgrüne Farbe des Ursprungvogels lässt sich durch Einkreuzen eines Dunkelfaktors in ein sattes Grün beziehungsweise in der Blaureihe in ein wunderschönes Kobaltblau verändern. Kombiniert man Weiß mit „Gelbgesichtsfaktor“, entstehen Zartgelbe.

Opalin und Schecken

Neben den Farben selbst hat sich auch ihre Verteilung auf den Vogel bei manchen Exemplaren verändert, beim Opalinvogel zum Beispiel die Wellenzeichnung. Scheckung tritt in verschiedenen Formen auf. Lange Zeit waren die sogenannten rezessiven Schecken sehr beliebt.

Wellimännchen, Opalin, dunkelblau.

Ein guter Start

Vertrauen von Anfang an

Test

Sind Sie ein Welli-Typ?

Die folgenden Fragen sollten Sie in Ruhe bedenken und nach bestem Wissen und Gewissen beantworten.

- ☐ **Habe ich genügend Zeit und bin ich bereit, Tag für Tag für die Wellensittiche zu sorgen, und das ihr Leben lang? (Wellis können gut und gern 15 bis 18 Jahre alt werden.)**
- ☐ **Habe ich genügend Platz in der Wohnung für einen großen Käfig oder gar eine Voliere?**
- ☐ **Bin ich bereit, den Vögeln täglich Freiflug zu ermöglichen, und stört es mich auch nicht, wenn Federn oder auch mal ein Vogelklecks herumliegen?**
- ☐ **Kann ich für alle Kosten aufkommen, nicht nur für Futter und Vogelsand, sondern auch für anfallende Tierarztkosten?**
- ☐ **Reagiert keins der Familienmitglieder allergisch auf die Federn?**
- ☐ **Sind alle Familienmitglieder Nichtraucher? Denn der Rauch schadet den kleinen Sittichlungen.**
- ☐ **Habe ich Freunde oder Bekannte, die sich während meines Urlaubs um die Wellis kümmern und diese versorgen?**

Haben Sie alle Fragen mit Ja beantwortet? Prima, dann sind Sie reif für die Wellensittiche.

Lieblingsvogel Nr. 1

Wellensittiche zählen zu den beliebtesten Heimvögeln. Kein Wunder: Mit ihrem bunten Gefieder sehen sie nicht nur hübsch aus, bei den Wellis ist auch immer etwas los. Hier wird geturnt und geflogen, mit dem Nachbarvogel geschnäbelt und gezankt, gebadet und gefressen, mal leise gezwitschert und mal laut gezetert. Die kleinen Papageien sind fröhlich und immer gut gelaunt. Außerdem werden sie sehr zutraulich, manchmal sogar richtig anhänglich. Die Wellis können tolle Freunde werden, auch für Kinder. Sie hören geduldig zu, verraten keine Geheimnisse und freuen sich, wenn sie nach der Schule aus dem Käfig dürfen. Doch bevor es so weit ist, sollten Sie noch einige Dinge bedenken, damit sich Ihre Wellis so richtig wohl fühlen.

Welli-Haltung erlaubt

Im Gegensatz zu Hund und Katze brauchen Sie keine gesonderte Erlaubnis von Ihrem Vermieter einholen. Wellensittiche gehören zum „vertragsgemäßen Gebrauch" der Wohnung, solange sich die Zahl der Tiere im Rahmen hält und die Mitbewohner nicht belästigt werden. Klären Sie vorher mit Ihren Nachbarn ab, ob sie sich gestört fühlen würden, denn die kleinen Sittiche können ganz schön laut werden. Die Vögel wissen nicht, dass es gerade Sonntagmorgen um sieben ist und Frau Meyer von nebenan Nachtdienst hatte oder Herr Kurz von oben lange gefeiert hat und spät nach Hause gekommen ist.

Des Weiteren sollten Sie bedenken, dass Ihre Tapete ein wenig in Mitleidenschaft gezogen werden könnte, denn manch gelangweilter Welli hat die unangenehme Angewohnheit, kleine Schnipsel abzureißen.

Kinder- oder Elterntraum?

Viele Kinder wünschen sich einen Wellensittich, vor allem, wenn sie dem bunten Treiben in der Voliere des Zoofachgeschäfts zusehen. Sie auch, liebe Eltern? Denn darüber sollten Sie sich im Klaren sein:

Die meisten Kinder sind anfangs Feuer und Flamme, doch oft erlischt die Begeisterung, und die Versorgung der Vögel bleibt Ihnen überlassen. Und da auch Wellis ein Recht auf Freiflug, Zuwendung und Beschäftigung haben, ist es mit schnell Füttern und ab und zu mal Vogelsand Auswechseln nicht getan.

Wellensittiche sind sehr neugierig und freuen sich, wenn sie voll und ganz in die Familie integriert werden.

Der Trend geht zur Mehrvogelhaltung

Herzlichen Glückwunsch, wenn Sie sich zum Kauf eines Wellensittichs entschlossen haben. Doch an dieser Stelle würden wir Ihnen lieber mindestens zweimal oder noch häufiger gratulieren. Denn Wellensittiche sind sehr soziale Tiere und leben gar nicht gern allein. Daher möchten wir Ihnen nahelegen, mindestens zwei Tiere zu kaufen, wenn nicht gar mehr. Geben Sie ihnen die Möglichkeit, sich auf Wellensittichart auszutauschen, gemeinsam zu schnäbeln, sich gegenseitig zu putzen, um die Wette zu fliegen oder zu warten, bis ihr Mensch Zeit für sie findet. Welche Vögel am besten miteinander auskommen, erfahren Sie auf Seite 18.

„Schau mir in die Augen, Kleines!" Wellis sind sehr gesellig und brauchen mindestens einen Kumpel.

Zwei, drei, vier oder noch mehr?

Der optimale Wellensittich-Schwarm

Wellensittiche sind sehr soziale Tiere und leben immer im Schwarm. In freier Natur wäre ein Wellensittich niemals allein. Das heißt für alle Wellensittichfans: Es müssen immer mindestens zwei Wellis sein, denn die Haltung eines einzelnen Tieres ist nicht artgerecht. Auch wenn sich der Mensch noch so gut um den kleinen Sittich kümmert, kann er ihm nie den Artgenossen ersetzen.

Bald werden Sie erkennen, welche Vögel miteinander befreundet sind und welche nicht. Die guten Kumpel schnäbeln miteinander, putzen sich gegenseitig, fliegen oft hintereinander her und unterhalten sich ausgiebig in leisen Zwitschertönen. Entscheiden Sie sich am besten für befreundete Vögel, dann werden Sie später auch keine ernsthaften Zänkereien in Ihrem Käfig haben.

Wellensittiche sind sehr soziale Vögel. Sie entwickeln schnell Verhaltensauffälligkeiten, wenn sie allein gehalten werden.

Zwei, die sich gut verstehen

Wenn Sie losgehen, um die Wellensittiche zu kaufen, sollten Sie Zeit mitbringen. Wellensittiche bekommen Sie entweder in einem gut sortierten Zoofachgeschäft oder beim Züchter (siehe Seite 24). Nehmen Sie sich Zeit und beobachten Sie die Vögel in der Voliere.

Männchen und Männchen

Eine Männer-WG klappt in aller Regel sehr gut. Die Vögel schließen schnell Freundschaft, auch in freier Wildbahn gibt es echte Männerfreundschaften. Die Männchen schließen sich auch gern den Menschen an, einige der kleinen Papageien lernen sogar sprechen.

→ Auch mehrere Vögel werden zahm

Es ist ein Märchen, dass nur einzelne Wellis zahm werden, nicht zwei. Wellensittiche leben in freier Wildbahn auch immer mit ihrem Partner zusammen, tauschen sich aber rege mit dem restlichen Schwarm aus. So ist es auch bei uns: Die Wellis haben ihren Vogelpartner, kommen aber dennoch gern zu ihrem Menschen, wenn man sie zuvor geduldig gezähmt hat.

Eine echte Männerfreundschaft: Diese beiden Hähne verstehen sich gut und haben sich einiges zu erzählen.

Männchen und Weibchen

Wellensittiche führen eine Vorzeigeehe. Hier wird geturtelt, was das Zeug hält. Er balzt und umwirbt sie, sie fressen, fliegen und baden gemeinsam. Doch keine Angst vor plötzlichem Nachwuchs. Das Brutverhalten wird hormonell gesteuert, und erst eine geeignete Nisthöhle gibt den Startschuss für die erste Brut. Wenn Sie Ihren Wellensittichen keine zur Verfügung stellen, passiert auch nichts. Für Sie als Vogelfreund gibt es allerhand zu beobachten. Allerdings müssen Sie sich beim Zähmen ein wenig ins Zeug legen, um das Interesse der beiden zu erlangen.

Weibchen und Weibchen

Die Weibchen sind in der Regel recht territorial veranlagt. Zwischen den beiden Damen kann es daher schnell zu Zänkereien kommen, und ein dauerhafter Zickenkrieg im gleichen Käfig bedeutet Stress für Vögel und Halter. Daher ist diese Kombination nicht so empfehlenswert.

Oder gleich ein ganzer Schwarm?

Wenn Sie keinen Wert auf handzahme Tiere legen, sondern sich an dem bunten Treiben und dem fröhlichen Gezwitscher erfreuen wollen und genügend Platz haben, können Sie einen kleinen Schwarm in einer Voliere halten. Hier ist immer etwas los: Hier wird geturnt, da geturtelt, der eine trippelt auf dem Boden herum, der Nächste klettert, dort wird gebadet und hier gedöst. Das eine Pärchen krault sich das Gefieder, das andere zankt gerade um einen Leckerbissen. Und alles ist musikalisch unterlegt: mit zartem Gezwitscher und lautem Geschrei. Die Voliere kann getrost das Fernsehprogramm ersetzen.

→ Der kleine Unterschied: Männchen oder Weibchen?

Bei erwachsenen Tieren können Sie Männchen und Weibchen leicht unterscheiden, und zwar anhand der Färbung der Wachshaut oberhalb des Schnabels, die auch „Nuss" genannt wird:
Beim Männchen ist die Wachshaut normalerweise schön blau gefärbt. Nur bei aufgehellten Farbschlägen kommt es aufgrund von „Farbverlusten" zu einer rosa bis dunkelrot gefärbten Nuss.
Bei den Weibchen ist die Wachshaut eher farblos; nur zur Fortpflanzungszeit färbt sie sich braun.
Bei den Jungtieren wird es schwieriger. Hier reicht die Färbung bei allen von Blassrosa bis Blasshellblau, sodass man die Tiere noch nicht unterscheiden kann.

Bei einem Schwarm kommt nie Langeweile auf, weder für die Vögel noch für den Betrachter.

Schöner Wohnen

Welli-Villa in traumhafter Lage

Sie haben sich überlegt, welche Geschlechterkombination für Sie infrage kommt, und wissen jetzt, wie viele Vögel Sie halten wollen. Doch bevor die kleinen Plaudertaschen einziehen, muss eine passende Unterkunft her.

Je größer, umso besser

Wellis brauchen Platz: zum Klettern, zum Flattern und um sich notfalls auch mal aus dem Weg zu gehen.

Auf einem Tischchen im Wohnzimmer steht der Käfig am besten.

Daher lautet die Devise: Je größer, umso besser. Ein Wellensittichkäfig für zwei Vögel sollte die Grundmaße 120 cm x 80 cm x 80 cm nicht unterschreiten. Diese Käfige sind eigentlich für Nymphensittiche gedacht, doch lassen Sie sich beim Kauf nicht davon beirren. Vögel, die im Käfig leben, brauchen jeden Tag mindestens zwei Stunden Freiflug, damit sie fit bleiben und ihre Flugmuskulatur trainieren können.

Schlicht im Design

Viel Wert auf Schnickschnack legen Wellensittiche nicht, ihnen ist ein klassisch-funktionales Design lieber. Sprich: ein rechteckiger Käfig mit Querverstrebung, an der sie herumklettern können. Die Verstrebung sollte aus dunklem, matten Metall und ohne Plastikummantelung sein, denn das Plastik wird in null Komma nichts abgeknabbert, und verschluckte Teile sind nicht gerade gesundheitsförderlich, sondern gefährlich für die Vögel.
Die meisten Käfige haben eine Bodenwanne und einen abnehmbaren Käfigaufsatz, sodass man die Wanne gut abmachen und reinigen kann.

Mit Vordereingang und Hintertürchen

Idealerweise gibt es zwei Eingänge. Der eine dient als Ein- und Ausgang und zum Futternachfüllen, der andere wird als Badezimmertür zum Badehäuschen (siehe Seite 23) verwendet.

Wellensittiche brauchen Platz. Ein großzügiger Käfig oder eine geräumige Voliere und viel Freiflug kommen den Bedürfnissen der kleinen Papageien entgegen.

Lichtdurchflutet und nicht zu heiß

Wohin mit dem Käfig? Das bleibt Ihnen überlassen. Ein paar Ansprüche haben die Wellis jedoch:

→ Der Käfig sollte in einem Zimmer stehen, in dem die Vögel Familienanschluss haben, es aber nicht zu turbulent zugeht. Erfahrungsgemäß eignet sich das Wohnzimmer recht gut. Die Küche ist mit ihren Dämpfen, heißen Herdplatten etc. ungeeignet.

→ Der Platz sollte hell, freundlich und zugfrei sein, ohne direkter Sonneneinstrahlung ausgesetzt zu werden.

→ Stellen Sie den Käfig in Augenhöhe auf einen festen Untergrund, am besten mit einer Seite zur Wand auf. Das gibt den Vögeln Sicherheit.

→ Wellensittiche spüren Vibrationen und reagieren empfindlich darauf. Daher darf der Käfig nicht auf der Stereoanlage oder auf dem Kühlschrank stehen.

Großzügig ausgestattete Luxusvilla

Die Traumhäuser der Wellensittiche sind allerdings Volieren. Es gibt Zimmervolieren und Freivolieren. Man kann sie in unterschiedlichen Größen kaufen (fürs Zimmer) oder selbst bauen (fürs Zimmer und im Freien). Bei Marke Eigenbau ist es wichtig, dass die Voliere rundum dicht ist, sich die Vögel nicht verletzen können und dass sich der Boden gut reinigen lässt.

Wenn Sie die Voliere im Garten aufstellen wollen, brauchen die Wellis einen winterfesten und frostsicheren Raum, in den sie sich zurückziehen können. Und: Um Ärger zu vermeiden, sollten Sie vorab mit Ihren Nachbarn sprechen. Klären Sie ab, ob sie sich gestört fühlen könnten. Denken Sie daran, dass auch nur zwei Wellensittiche, die sich mit ihrer Umgebung unterhalten, für manchen Mitbürger ein Ärgernis darstellen könnten. Fragen Sie auch bei der Baubehörde nach, ob Sie die Voliere überhaupt an den gewünschten Ort bauen dürfen.

Ganz nach Welli-Geschmack

Die passende Inneneinrichtung

Bisher stehen Käfig oder Voliere an einem geeigneten Ort, doch noch ist er kahl und leer. Zeit für ein wenig Inneneinrichtung. Dabei ist weniger oft mehr. Der Käfig sollte nicht so voll hängen, dass sich die Vögel kaum noch rühren können.

Vogelsand

In die Bodenschale des Vogelkäfigs wird etwa 2 cm hoch spezieller Vogelsand gestreut, den Sie im Zoofachhandel erhalten. Wenn Sie wollen, können Sie erst eine Lage saugfähiges Küchenpapier hineinlegen, bevor Sie den Sand auffüllen. Die Vögel nehmen den darin enthaltenen Grit gezielt auf. Im Magen vermischt sich der Grit mit dem Körnerfutter und hilft durch die Magenkontraktionen mit, die Nahrung mechanisch zu zerkleinern. Daher muss es auch immer Vogelsand sein. Andere Einstreu eignet sich nicht.

In jeden ordentlichen Welli-Käfig gehören eine Schicht Vogelsand, Sitzstangen, Futter- und Wassernapf sowie ein Badehäuschen.

Zweige und Äste sind die besten Sitzstangen. Durch die unterschiedliche Dicke müssen die Wellensittiche diese entsprechend umgreifen. Dabei nutzen sich die Krallen ab und es entstehen auch keine Druckstellen an den Füßen.

Rustikal und bequem – Sitzstangen aus Naturholz

Die Wellis brauchen Sitzstangen, auf denen sie bequem sitzen können. Die Stangen sollten aus Naturholz sein, am besten eignen sich drei oder vier Äste, die Sie zwischen die Gitter klemmen. Die Äste sollten unterschiedlich dick sein und sich gut von den Vogelfüßen umgreifen lassen. Einer dieser Äste wird nur einseitig befestigt, damit er frei schwingen kann, wenn der Vogel darauf landet. So kommt auch keine Langeweile auf, denn die Wellis können auf den Ästen herumturnen, ihren Schnabel wetzen und die Rinde abziehen. Positiver Nebeneffekt: Die Krallen und der Schnabel nutzen sich auf natürliche Weise ab und die Vögel nehmen Vitamine und Mineralien auf.

Futter- und Wassernapf

Natürlich dürfen Futter- und Wassernapf nicht fehlen. Achten Sie bei der Wahl darauf, dass sich die Gefäße leicht anbringen und gut reinigen lassen, zumindest mit heißem Wasser oder sogar in der Spülmaschine. Futter- und Wassernapf werden so angebracht, dass die Wellis jederzeit trinken oder Körner picken können, ohne dabei das Futter und das Wasser mit Kot zu verschmutzen. Der Futternapf sollte nach Möglichkeit breit und flach sein, damit die Wellensittiche besser an die Körner gelangen können.

Futter- und Wassernäpfe müssen sich gut reinigen lassen.

Badehäuschen

Wellensittiche baden gern. Gönnen Sie Ihren Vögeln ein Badehäuschen, damit sie nach Herzenslust planschen und ihr Gefieder säubern können. Im Zoofachhandel werden Kunststoffbadewannen angeboten, die problemlos vor die Käfigtüren passen und rundum so geschlossen sind, dass die Sittiche zwar hineinhüpfen können, aber nicht gleich eine Überschwemmung verursachen.

Spielzeug

Spielzeug gibt es in allen Ausführungen. Wenn Sie wollen, können Sie noch eine Holzschaukel oder ein Seil in den Käfig hängen, doch lassen Sie den Vögeln genügend Platz, sodass sie noch hin und her flattern können. Spiegel, Glöckchen und Plastikwellensittiche waren früher der Hit, heute sind sie aus Tierschutzgründen tabu. Der Welli sieht in ihm einen Artgenossen und versucht ihn zu füttern oder balzt mit ihm. Da keine Reaktion kommt, wendet er Welli frustriert ab oder attackiert den „doofen Kumpel“, also sein Spiegelbild oder den Plastikvogel. Oder er bekommt vom ständigen Füttern eine Kropfentzündung.

Wellensittiche sind recht verspielt. Bauen Sie Ihnen doch mal eine Kokosnussschaukel!

Tipp

Ein paar Körner für Hungrige

Streuen Sie ein wenig Körnerfutter auf den Boden und stellen Sie ein zusätzliches Wassergefäß daneben. Das ist für die neuen jungen Vögel, denn die finden das Wasser und das Futter im Spender nicht immer gleich.

Richtig aussuchen

Gesunde Wellensittiche finden

Beim Züchter oder in einer Zoofachhandlung haben Sie eine goße Auswahl an Vögeln.

Nun ist es endlich so weit: Sie haben sich für zwei oder mehr Vögel entschieden, einen gemütlichen Käfig oder eine nette Voliere für Ihre neuen Mitbewohner vorbereitet, und endlich können Sie die Tiere aussuchen. Überstürzen Sie es nicht, nehmen Sie sich Zeit und beobachten Sie die Wellis, bis Sie Ihre neuen Freunde ausgesucht haben.

Wellis zu verkaufen

Wellensittiche bekommen Sie entweder im gut geführten Zoofachgeschäft, beim Züchter oder bei Vogelfreunden, die ungewollte, abgegebene Vögel aufnehmen, in einer Voliere halten und an andere Wellensittichfreunde vermitteln. Nun kommt es darauf an, worauf Sie Wert legen: Wollen Sie Standard-Wellensittiche mit Stammbaum und wohl durchdachtem züchterischen Hintergrund, dann sollten Sie beim Züchter nachsehen. Wenn es Ihnen nicht so sehr auf das Aussehen sondern eher auf die inneren Werte ankommt, können Sie sich sowohl beim Zoofachhändler, beim Züchter als auch bei privaten Vermittlungen umsehen.

Nehmen Sie sich Zeit

Wellensittiche kauft man nicht mal eben so. Schauen Sie ihnen in aller Ruhe zu, bevor Sie Ihre Wahl treffen: Wer versteht sich mit wem? Wer ist aufgeweckt und munter? Welcher ist eher schüchtern? Bei Wellis ist es wie bei Menschen – jeder hat seinen eigenen Charakter, den es zu respektieren gilt. Wenn Sie neugierige Vögel wollen, die sich schnell anschließen, sollten Sie sich für die kleinen Draufgänger entscheiden. Wenn sich ein Pärchen gefunden hat, dann nehmen Sie beide.

Wenn sich zwei Wellis angefreundet haben, sollte man die Freunde nach Möglichkeit nicht trennen.

Und noch eins: Macht auch nur ein Vogel in der Voliere einen kränklichen Eindruck, dann lassen Sie die Finger davon, und zwar auch von den restlichen Vögeln. Denn ein Kranker reicht, um auch die übrigen Tiere anzustecken.

Welli-TÜV

Überzeugen Sie sich, ob der Wellensittich gesund ist. Nehmen Sie ihn genau unter die Lupe, und zwar von Kopf bis Fuß.

- Die Augen sind geöffnet, klar und glänzend. Die Nasenlöcher am oberen Schnabelrand sind trocken, glatt und nicht verkrustet.
- Das Gefieder liegt glatt am Körper an, ist sauber und schimmert seidig. Die Schwanzfedern sind lang, und die Flügel sind gleichmäßig angelegt.
- Der Welli ist wohlgenährt: Die Brust ist rund und nicht eingefallen.
- Das Gefieder rund um die Kloake ist sauber, und die Kloake ist nicht gerötet.
- Die Haut an den Füßen ist glatt, nicht schuppig. Die Krallen sind nicht zu lang, und der Wellensittich kann die Stangen gut umgreifen.
- Der Vogel ist aufmerksam und munter. Er zeigt reges Interesse an seiner Umgebung und an seinen Artgenossen, frisst, putzt sich und fliegt hin und her.

Jung und unerfahren

Junge Wellis erkennt man leicht: Sie sitzen gern eng beieinander, ihre großen Augen haben noch keinen Irisring, die Farben sind noch nicht so leuchtend, und die Nasenhaut über dem Schnabel ist rosafarben. Handelt es sich um einen normal grün oder blau gefärbten Vogel, ist die Wellenzeichnung bis zur Nasenhaut durchgezogen. Erst später, nach der ersten Mauser, entsteht die ansprechende Kopfmaske ohne Wellenzeichnung. Wenn Sie sich für die Youngster entscheiden (5 bis 9 Wochen alt), stehen die Chancen gut, dass sich die Jungvögel gut bei Ihnen einleben. Es ist jedoch nicht leicht, Männchen und Weibchen zu unterscheiden.

Nur mit Ring am Bein

Wussten Sie, dass jeder Wellensittich einen Ring am Bein tragen muss? Auf diesem „Personalausweis" sind verschiedene Zahlen und Buchstaben in Gruppen angeordnet. Diese stehen für persönliche Daten wie Geburtsjahr, Züchternummer und Wellensittichnummer. Wenn Sie mit Ihren Vögeln züchten möchten, brauchen Sie eine behördliche Genehmigung. Außerdem ist es vorgeschrieben, dass die jungen Wellensittiche nach wenigen Tagen beringt werden müssen. Kontrollieren Sie den Sitz des Ringes. Er sollte sauber sein und beweglich am Bein sitzen. Wellensittiche reinigen Ihren Ring bei der Gefiederpflege übrigens gleich mit.

Gesunde Wellensittiche sind neugierig und agil.

Für
KIDS

Für Vogelflüsterer – So werden Deine Wellis zahm

Distanziertes Kennenlernen

Nun sind sie endlich da, die bunten Vögel. Doch am Anfang sind sie noch ziemlich schüchtern und haben vor vielen Dingen Angst. Sie müssen Dich erst kennenlernen. Damit sie sich an Dich gewöhnen, solltest Du oft im Zimmer sein und leise mit den Wellis reden. Am Anfang hältst Du noch Abstand zum Käfig, bis sie Dich und Deine Stimme kennen und keine Angst mehr vor Dir haben.

Erste Annäherungen

Nach einer Woche werden sich die Wellis so verhalten, als wäre es ganz normal, dass Du im Zimmer bist. Jetzt kannst Du mehrmals täglich langsam zum Käfig gehen. Halte ihnen mit der flachen Hand Futterstückchen von außen an das Gitter, bis die kleinen Papageien sich neugierig herantrauen, um zu sehen, was Du für sie hast, und die ersten Leckerbissen nehmen.

Durch die Tür

Klappt das, kannst Du vorsichtig die Käfigtür öffnen. Lege die Futterstückchen vorn auf Deine Fingerspitzen und schiebe Deine flach ausgestreckte Hand langsam in den Käfig. Wenn sich Deine Vögel fürchten – dann machen sie sich ganz dünn und weichen aus –, ziehst Du Deine Hand zurück und versuchst es noch ein Weilchen von außen.

Kommt ein Vogel geflogen

Wenn der Erste angeflattert kommt und sich ein Futterbröckchen nimmt, bist Du schon auf dem besten Weg. Vielleicht erschrickt er sich noch über seinen eigenen Mut und fliegt sofort wieder weg, aber das macht nichts. Bleib ruhig und versuche es weiter. Irgendwann werden sie auf Deiner Hand landen. Erst nur ganz kurz, dann immer länger. Und wenn sich der Mutigste traut, werden die anderen Vögel bald folgen.

Gute Freunde

Wenn die Wellis jetzt schon länger auf Deiner Hand sitzen bleiben und die Futterstückchen knabbern, kannst Du Deine Hand vorsichtig bewegen. Stört es die Vögel oder bleiben sie sitzen? Wenn sie sich nicht irritieren lassen, vertrauen sie Dir schon sehr! Übe mehrmals täglich für kurze Zeit mit ihnen, dann wirst Du schnell ihr bester Kumpel. Kommen sie ohne zu zögern zu Dir, kannst Du sie nun auch täglich frei im Zimmer fliegen lassen.

Auf einen Blick

Grundausstattung für Wellensittiche

Der richtige Käfig

Kaufen Sie einen Käfig, der groß genug für die Wellensittiche ist, am besten einen Nymphensittichkäfig oder, noch besser, eine Voliere. Das Gitter sollte aus mattem, dunklem Metall ohne Kunststoffummantelung sein und aus Querverstrebungen bestehen, damit die Vögel daran herumklettern können. Sinnvollerweise hat der Käfig zwei Türchen, und das Gitter lässt sich zur Reinigung leicht von der Bodenwanne lösen.

Einkaufscheckliste

Das brauchen Sie:

- Einen großen Käfig oder eine Voliere
- Grithaltigen Vogelsand
- Unterschiedlich dicke Sitzstangen, am besten Äste und Zweige
- Wasserspender und Futternäpfe, die sich gut reinigen lassen
- Badehäuschen für die Wellis
- Spielzeuge wie Schaukeln, Leitern oder Seile (Glöckchen, Plastikvögel und Spiegel sind tierschutzwidrig und gehören nicht zur Ausstattung)
- Freisitz
- Frische Körnermischung für Wellensittiche
- Kolbenhirse
- Sepiaschale oder Kalkstein für Vögel
- Keimbox

Käfigeinrichtung

Der Boden wird mit saugfähigem Papier ausgelegt, darauf kommt eine zwei Zentimeter hohe Schicht Vogelsand. Die Sitzstangen werden zwischen die Gitter geklemmt, das Badehäuschen von außen an der Hintertür eingehängt. Stellen Sie Futternapf und Wasserspender so auf, dass die Wellis diese gut erreichen können, ohne sie mit Kot zu verschmutzen.

Spielzeug

Sie können auch etwas Spielzeug in den Käfig hängen, beispielsweise eine Schaukel oder ein Kletterseil. Doch übertreiben Sie es nicht. Die Vögel brauchen Platz, um ein wenig herumzuflattern. Dekorieren Sie lieber die Freisitze, die für den Freiflug außerhalb des Käfigs aufgestellt werden.

Die Wahl der Vögel

Wellensittiche sollten immer mindestens zu zweit gehalten werden. Gut verstehen sich zwei Männchen oder ein Männchen und ein Weibchen. Sie können sich aber auch für einen kleinen Schwarm entscheiden, wenn Sie genügend Platz haben.

Der richtige Standort

- Stellen Sie den Käfig in ein helles, freundliches Zimmer, jedoch nicht direkt ans Fenster in die pralle Sonne.
- Wellis mögen Familienanschluss, allerdings auch nicht zu viel Trubel. Meistens eignet sich das Wohnzimmer am besten.
- Die Vögel wollen in Augenhöhe sein. Wählen Sie eine Kommode oder ein Schränkchen, worauf Sie den Käfig stellen können.
- Welli-Lungen sind empfindlich. Sie vertragen weder Zugluft noch Rauch, noch Küchendämpfe.
- Die kleinen Papageien reagieren empfindlich auf Erschütterungen. Daher sollten sie nicht in der Nähe dröhnender Lautsprecherboxen oder auf dem Kühlschrank abgestellt werden.

Alle gesund?

Kaufen Sie die Wellis beim Züchter oder im Zoofachhandel. Achten Sie darauf, dass alle Vögel aktiv und munter sind, das Gefieder glänzend und schimmernd am Körper anliegt und sauber ist (vor allem in der Kloakenregion), die Augen klar sind und der Schnabel trocken ist, Schwingen und Füße normal bewegt werden. Macht auch nur eines der Tiere einen matten, kränklichen Eindruck, sollten Sie kein Tier aus dem Bestand kaufen. Wählen Sie zwei Vögel aus, die sich schon gut verstehen.

2

Ernähren und pflegen

Leckeres für jeden Tag

Körnerkost für Wellensittiche

Wilde Wellensittiche ernähren sich von verschiedenen Pflanzenarten. Sie fressen aber nicht nur die Körner, sondern knabbern an Gräsern, Blüten, Keimlingen und an unausgereiften, weichen Samen.

Körnerfutter

Im Zoofachhandel erhalten Sie spezielle Futtermischungen für Wellensittiche. Sie sind aus verschiedenen Getreidearten zusammengesetzt und sollten Glanz, auch Kanarien- oder Spitzsaat genannt, sowie verschiedene Hirsearten (Silberhirse, Japanhirse, Platahirse, Senegalhirse) enthalten. Zu einem geringen Teil sind Hanf und Hafer beigemischt. Beide sind recht kalorienhaltig und sollten höchstens 5 % des Futters ausmachen. Pro Wellensittich rechnet man zwei Teelöffel pro Tag.

Immer frisch

Achten Sie darauf, dass das Futter frisch und das Haltbarkeitsdatum noch nicht abgelaufen ist. Allerdings kann auch haltbares Futter durch falsche Lagerung schnell verderben. Dringt Feuchtigkeit ein, entstehen Schimmelpilze, die nicht immer gleich sichtbar sind, den Vögeln aber schaden können. Sehen Sie ein feines Gespinnst in der Futtertüte, haben sich schon die Larven der Futtermotten über die Saat hergemacht. Um den Befall von Futtermotten zu vermeiden, hilft es, wenn die Saatmischung eingefroren wird.

Frischetest

Sie können die Frische des Futters testen, indem Sie eine Handvoll entnehmen (achten Sie darauf, dass möglichst alle Sorten enthalten sind), kurz in

Wellensittiche entspelzen die Körner sehr geschickt mit ihrem Schnabel.

Frisches Körnerfutter

- riecht neutral
- ist lose und klebt nicht aneinander
- weist keine Schimmelsporen oder Gespinnste von Futtermotten auf
- hat das Haltbarkeitsdatum noch nicht überschritten
- ist zum größten Teil keimfähig

Testen Sie, ob das Körnerfutter noch keimfähig ist. Die frischen Keimlinge können Sie anschließend an die Wellis verfüttern.

einem Sieb waschen und dann in einer Keimbox aussäen. Keimen rund 80 % der Saat, ist die Qualität gut, bei 60 % ist es noch akzeptabel und wenn nur 50 % oder weniger keimen, ist das Futter nicht mehr ausreichend.

Geschickt entspelzt

Wellensittiche haben einen sehr geschickten Schnabel, mit dem sie die Körner gut entspelzen können. Die Saat wird also geknackt, das Fressbare aufgenommen, und die unbrauchbaren Hülsen und Spelzen werden fallen gelassen. Darin sind die Wellis wahre Meister. Es gehört in ihr Verhaltensrepertoire und sieht auch noch ganz manierlich aus. Allerdings lassen sie die Hülsen und Spelzen dort fallen, wo sie fressen. Dadurch landen die leeren Hüllen oftmals oben auf dem Futternapf. Die kleinen Papageien können jedoch nicht scharren. Das heißt, dass Sie regelmäßig den Futternapf überprüfen und die leeren Hülsen wegpusten müssen, damit die Wellis wieder an die darunterliegenden Körner gelangen können, denn sonst verhungern sie buchstäblich vor dem gefüllten Napf!

Wellensittiche brauchen täglich frisches Wasser, das ihnen immer zur Verfügung steht.

Wasser

Auch wenn die Wellis aus trockenen Regionen kommen, brauchen sie täglich frisches Wasser, sowohl zum Trinken als auch zum Baden. Reinigen Sie den Wasserspender und das Badewasser täglich, damit sich keine Krankheitserreger ausbreiten können. Benutzen Sie Leitungswasser. Wenn es in Ihrer Region stark gechlort wird, sollten Sie das Wasser noch ein Weilchen abstehen lassen, damit sich die Chlorgase verflüchtigen können, bevor Sie es Ihren Vögeln anbieten. Zusätze sind in der Regel nicht nötig.

Kolbenhirse zählt zu den Lieblingsnaschereien. Es ist sozusagen wie Schokolade für Wellensittiche.

Frisches Grün

Abwechslung auf dem Futterplan

Frische Zweige erfüllen viele Funktionen: Die Wellis können darauf herumturnen, Blätter oder Knospen naschen, Rinde abpulen und nebenbei Schnabel und Krallen abnutzen.

Auch Wellis wollen Abwechslung. Neben den Körnern gibt es noch allerhand Knabberspaß, der fit macht und gesund ist. Dazu gehören Gräser und Kräuter, Keimlinge und Zweige.

Frische Zweige – Turngerüst und Knabberstange

Frische Zweige dienen als Turngerüst und Knabberstange zugleich. Bringen Sie Ihren Vögeln doch ab und zu ein paar Äste vom Spaziergang mit. Besonders geeignet sind Hasel, Weide, Birke, Buche, Erle, Linde, Apfel- oder Birnbaum. Die Zweige müssen ungespritzt sein und sollten nicht gerade neben einer viel befahrenen Straße wachsen. Sie können sie entweder als Klettergerüst in den Käfig klemmen oder im Zimmer als Lande- und Spielplatz für den Freiflug aufstellen. Die Vögel können darauf herumturnen, Blätter fressen, Rinde knabbern und ihren Schnabel wetzen. Nebenbei werden Krallen und Schnabel abgenutzt.

Selbst gepflückte Wiesenkräuter

Pflücken Sie Ihren Sittichen ab und zu ein Sträußchen Wildkräuter. Besonders beliebt sind Vogelmiere, Löwenzahn, Beifuß oder Hirtentäschelkraut, aber auch Gräser mit Rispen, Sauerampfer oder Wegerich. Auch hier gilt: Die Sammelwiese sollte nicht gespritzt sein und abseits von Straßen liegen.

Obst und Gemüse

Die kleinen Papageien sind auch ganz scharf auf Petersilie, Mais, Möhren, Brokkoli, Fenchel, Zucchini oder Kresse. Auch zu einem Stückchen Apfel, einer Erdbeere, einer Weintraube, etwas Aprikose, Melone oder einem Pfirsichschnitz sagen sie nicht Nein. Waschen Sie das Obst und Gemüse, bevor Sie es verfüttern, und bieten Sie von diesen Leckerbissen immer nur kleine Mengen an.

Wellensittiche lieben Petersilie. Diese Welli-Dame macht einen ganz schön langen Hals, um an das frische Grün zu gelangen.

Zarte Keimlinge

Besonders wild sind die Wellis auf zarte Keimlinge, die Sie Ihren Vögeln regelmäßig anbieten können. In speziellen Keimschalen werden die Samenmischungen (Soja- oder Mungobohnen, Sprießkornhafer oder Sprießkornweizen, Rettich, Disteln oder andere Samenmischungen, die Sie im Reformhaus oder im Zoofachhandel erhalten) ausgebracht, feucht gehalten, und schon wachsen sie von ganz allein. Sind die Keimlinge 1–2 cm groß, werden sie den Vögeln angeboten. Die Sprossen beinhalten zahlreiche Vitamine und Spurenelemente, die die Wellensittiche besonders gut aufnehmen können.

Was der Bauer nicht kennt …

… frisst er nicht. Dieses Sprichwort trifft auch auf Wellensittiche zu. Bieten Sie den Jungvögeln möglichst abwechslungsreiche Kost an, damit sie viele verschiedene Grünfuttersorten kennen- und lieben lernen können. Werden die jungen Sittiche nicht an Obst, Gemüse und Kräuter herangeführt, verschmähen sie es als erwachsene Vögel und wissen gar nicht, was ihnen entgeht.

„Mais in Sicht!" Diese Wellis waren ganz verrückt auf die gelben Kolben und fielen in Scharen ein.

Lieblings-Leckerbissen

Kolbenhirse finden fast alle Wellensittiche super und stürzen sich voller Eifer darauf. Doch mit der Kolbenhirse ist es ähnlich wie bei uns mit Schokolade: Zu viel macht dick! Daher sollten Sie die Leckerbissen nur ein- bis zweimal die Woche in den Käfig hängen. Dazu gibt es besondere Halterungen; man kann sie aber auch einfach mit einer Wäscheklammer am Gitter befestigen.

Salat gibt es ab und zu. Verwenden Sie Ökosalat, denn der übrige weist eine hohe Nitratbelastung auf.

Was Wellis sonst noch brauchen

Kalk, Grit und Vitamine

Grithaltiger Vogelsand ist wichtig; Die Wellis nehmen die kleinen Gritstücke auf. Im Magen helfen diese mit, die Körner zu zerkleinern, sozusagen als kleine Mahlsteine!

Wie viele andere Vögel auch, nehmen Wellensittiche ganz bewusst kleine Steinchen mit der Nahrung auf. Mit der Kontraktion der Magenwände dienen die Steinchen als Mahlsteine und helfen, das Körnerfutter mechanisch zu zerkleinern. Daher wird der Vogelsand auch noch einmal bei der Ernährung aufgeführt.

Vogelsand

Vogelsand besteht aus runden Sandkörnern und größeren Gritstückchen, die die Wellis regelmäßig aufnehmen. Zum einen benötigen sie den Grit, um das Futter im Magen zu zerkleinern, zum anderen sind die Stückchen mit ihren Mineralien eine wertvolle Nahrungsergänzung, denn Grit besteht aus Muschelschale und Kalksteinbröckchen und deckt einen Teil des Kalziumbedarfs.

Achten Sie darauf, dass Sie den Vogelsand spätestens alle zwei Tage erneuern, damit er nicht durch Kot und herumfliegende Federn verschmutzt wird und die Vögel zu viele Bakterien mit dem Sand aufnehmen.

Sepiaschale oder, wie hier, kleine Kalksteine, sorgen dafür, dass die Wellis ihren Kalziumbedarf decken können.

Sepiaschale

Sepia stammt vom Knochenskelett der Tintenfische. Die Vögel knabbern daran und decken dadurch einen Großteil ihres Bedarfs an Mineralsalzen und Spurenelementen sowie ihres Kalzium- und Phosphorbedarfs. Sepia dient nicht nur als Mineralstoffquelle, sondern bietet sich hervorragend als Wetzstein an: Die Vögel wetzen ihren Schnabel daran, der jedes Jahr rund 2,5 Zentimeter wächst, und halten ihn damit in Form.

Jod

Einige Hersteller reichern ihr Fertigfutter mit Jod an. Das ist sinnvoll, denn Jod beugt Schilddrüsenerkrankungen vor. Besonders bei Wellensittichen, die zur Kropfbildung neigen, ist Jod unverzichtbar. In der Natur kommt Jod überall in geringen Mengen vor, in Meernähe mehr, in küstenentfernten Regionen weniger.

Vitamine

Dass Wellis Mineralstoffe und Vitamine brauchen, ist unumstritten. Doch scheiden sich die Geister, ob der tägliche Bedarf über eine ausgewogene und abwechslungsreiche Ernährung gedeckt wird oder ob man Vitaminpräparate dazufüttern muss. Manche Züchter und Vogelhalter schwören darauf, den Wellensittichen einmal pro Woche ein Vitaminpräparat ins Wasser zu träufeln. Wenn Sie Ihren Vögeln auch Vitamine verabreichen wollen, können Sie diese gemäß der Dosierung in das Trinkwasser geben. Insbesondere an heißen Tagen muss das mit Vitaminen angereicherte Wasser nach spätestens zwei Stunden entfernt werden, da sich die Inhaltsstoffe zersetzen und für die Vögel gefährlich werden können. Reinigen Sie den Napf anschließend gründlich und bieten Sie frisches Wasser an.

Ab und zu können Sie Ihren Vögeln ein Schälchen mit Mineralfutter anbieten.

Tiptop gepflegt

Hausputz bei den Sittichen

Wo Wellensittiche leben, fliegen ein paar Federn, leere Spelzen und ab und zu auch mal ein Vogelklecks durch die Gegend.

Wellis, die möglichst artgerecht gehalten werden, sind ziemlich robust und werden nicht so schnell krank. Ausgewogene, abwechslungsreiche Ernährung, frisches Wasser, mindestens einen Artgenossen, der ihr Leben mit ihnen teilt, und täglich mehrere Stunden Freiflug sind die beste Gesundheitsvorsorge, neben ein paar Handgriffen, die zur Hygiene beitragen.

Gepflegt muss es sein

Australische Wellensittiche brauchen sich nicht groß um Sauberkeit zu scheren. Hier fällt es nicht weiter ins Gewicht, wenn ein Vogelklecks auf viele Quadratkilometer fällt, denn der Welli zieht weiter, bevor sich Bakterien vermehren können. Im Vogelkäfig oder in der Voliere ist das allerdings anders: Die Vögel sind auf einen kleinen Raum beschränkt und können sich nicht aussuchen, wo sie hinmachen und wo sie sich aufhalten. Das bedeutet, dass Sie als Besitzer für die Hygiene und die Käfigreinigung verantwortlich sind.

Während die Wellis ihren Freiflug genießen, ist es Zeit für ein paar reinigende Handgriffe.

Futterreste entfernen

Täglich werden die Spelzen vom Futternapf gepustet und im Käfig liegendes Frischfutter entfernt, damit es nicht welkt, schimmelt oder fault. Außerdem werden alle Wassergefäße gründlich gereinigt und mit heißem Wasser ausgespült. Alle Verunreinigungen werden beseitigt.

Sauberes Zuhause

Wenn Ihr Käfig eine Schublade hat, können Sie diese täglich herausziehen, den Vogeldreck beseitigen und ein wenig Sand nachstreuen. Mindestens einmal die Woche ist Großreinemachen angesagt. Nun werden die Wellis zum Freiflug überredet, damit Sie den Käfig für sich haben. Die Bodenwanne wird komplett entleert, mit heißem Wasser und Seife (eventuell mit einem sanften Desinfektionsmittel) gereinigt und anschließend mit frischem Vogelsand gefüllt. Zweige, Futterschalen und Spielzeug werden abgebaut und die Gitter kräftig geschrubbt. Achten Sie darauf, dass von Kot verunreinigte Stellen besonders gründlich gesäubert werden. Die Futterschalen und Wassernäpfe werden inzwischen mit heißem Wasser gereinigt, abgetrocknet und aufgefüllt. Die alten Zweige werden durch frische ersetzt. Spielzeuge werden ebenfalls kräftig geschrubbt. Ist das nicht möglich oder sind sie stark verschmutzt, werden sie ausgetauscht.
All dies sollte in möglichst kurzer Zeit erfolgen, damit die Wellis bald wieder in ihren Käfig können, wenn ihnen danach zumute ist.

Wellis sind Gewohnheitstiere

Wellensittiche sind Gewohnheitstiere, und es gibt ihnen Sicherheit, wenn der Tagesablauf nach gewissen Ritualen verläuft. Wenn Sie immer zur gleichen Zeit an den Käfig herantreten, immer die gleichen Handgriffe erledigen und immer mit gewohnt freundlicher Stimme mit den Tieren sprechen, nehmen sie Ihr Erscheinen und die Käfigreinigung als natürliches Procedere hin.

Keine Angst vor kleinen Klecksen

Wenn Sie schon beim Saubermachen sind, kontrollieren Sie auch gleich die Lieblingslandeflächen, die Ihre Wellensittiche beim Freiflug nutzen. Muss ein Ast ausgetauscht werden oder brauchen sie neues Spielzeug?
Wellensittiche setzen ihren Kot nie im Flug ab, sondern nur, wenn sie gelandet sind oder kurz bevor sie starten. Die Kleckse sind relativ fest und lassen sich gut beseitigen. Wenn Sie wissen, wo die Lieblingslandeplätze sind, können Sie etwas Küchenpapier oder einen Tellerchen mit Vogelsand darunterstellen. Das erleichtert die Reinigung.

Nun ist der Käfig sauber und die Vögel können wieder hinein, wenn sie wollen.

Rundum gesund

Ein bisschen Welli-Pflege

Beim Krallenschneiden wird vorsichtig der vordere, nicht durchblutete Teil gekürzt.

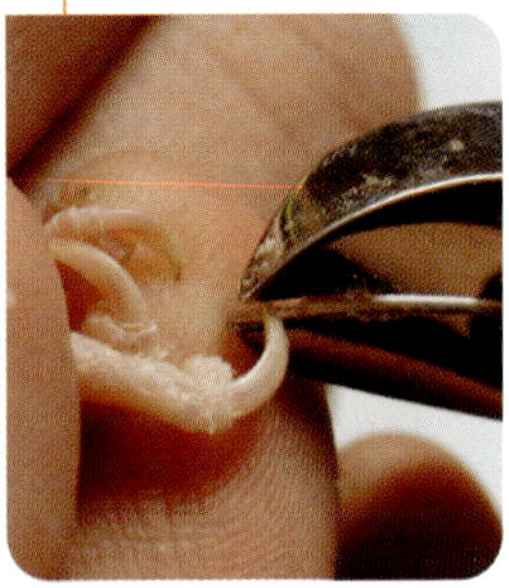

Die kleinen Papageien selbst brauchen wenig Pflege. Sie putzen ihr Gefieder sehr gründlich. An Stellen, die sie nicht so gut erreichen können, springt der Vogelkumpel ein. Zu Ihren Aufgaben gehört es, die Wellensittiche zu beobachten, ob sie sich normal verhalten, also an allem Anteil nehmen, fliegen, klettern, zwitschern und fressen.

Krallenpflege

Werfen Sie regelmäßig einen Blick auf die Krallen. Sind sie zu lang, müssen sie gekürzt werden. Dazu halten Sie den Kopf an den Wangen des Vogels zwischen Daumen und Zeigefinger. Die Handinnenfläche bedeckt dabei locker den Rücken und die Flügel. Drücken Sie nie den Brustkorb zu, denn dann stirbt der Vogel. Nun werden vorsichtig die Krallen geschnitten. Machen Sie es bei gutem Licht, sodass Sie sehen, ab wann die Krallen durchblutet sind. Wenn Sie sich nicht trauen, lassen Sie sich von Ihrem Tierarzt zeigen, wie es geht.

Was sagen die Pfunde?

Wenn Sie den Vogel schon in der Hand halten, können Sie gleich kontrollieren, ob er zu dick oder zu dünn ist. Kraulen Sie ihn vorsichtig mit dem kleinen Finger an der Brust. Dabei sollte die Brust muskulös und nicht knochig sein. Spüren Sie sein Brustbein, ist er zu dünn. Wenn er jedoch zu den Wonneproppen gehört, jede Menge Hunger hat, sich aber kaum noch bewegen möchte, weist das auf Übergewicht hin. Pusten Sie ihm das Gefieder in der Kloakengegend zur Seite: Ist hier nur gelbliches Fettgewebe zu sehen, wird es Zeit für mehr Bewegung und weniger Dickmacher.

Wellensittiche verbringen viel Zeit mit der Gefiederpflege. Dabei wird jede einzelne Feder mit dem Bürzeldrüsensekret eingefettet und sortiert. Ist die Welli-Reinigung beendet, schüttelt sich der Vogel und legt die Flügel wieder ordentlich an.

Noch ein paar kritische Blicke

Kontrollieren Sie auch gleich den Sitz des Ringes. Ist er locker und lässt sich bewegen? Die Wellis akzeptieren den Ring als einen Teil von ihnen. Normalerweise wird er gut gepflegt und poliert wie der Rest des Gefieders. Und was sagt das Gefieder? Ist es glänzend und glatt oder lassen sich Milben finden? Wie sieht der Schnabel aus? Ist er okay oder muss er gekürzt werden? Der Schnabel wächst nämlich jedes Jahr um 2,5 cm, um Abnutzungen auszugleichen. Das Kürzen sollten Sie allerdings dem Tierarzt überlassen.

Die Mauser – Federn lassen

Einmal im Jahr wechseln Wellensittiche ihre Federn. In freier Natur tritt die Mauser mit dem Ende der Brutzeit ein. Durchaus praktisch, denn jetzt müssen sich die Altvögel ohnehin noch nach den Jungen richten, die bei längeren Flügen noch nicht mithalten können. Das Gefieder wird nicht auf einmal abgeworfen, sondern nach und nach ausgetauscht, sodass die Vögel allzeit flugfähig bleiben. Auch in Menschenobhut wird das Gefieder durchgewechselt, bei Jungvögeln ab 3 Monaten, bei Erwachsenen einmal im Jahr. Jetzt fliegen nicht nur kleine grüne, gelbe und blaue Flaumfedern durch die Gegend, sondern auch ab und zu mal eine Schwung- oder eine Schwanzfeder. Rund um den Käfig sieht es aus, wie nach einer Kissenschlacht. In dieser Zeit des Jahres wird der Besen oder Staubsauger ein unverzichtbares Utensil rund um den Wellensittichkäfig. Die Mauser ist für die Vögel recht anstrengend. Die Fitten stecken sie ganz gut weg, älteren Vögeln macht sie zu schaffen. In dieser Zeit sollten Sie Stress und Zugluft vermeiden.

Der Schnabel wächst laufend weiter. Wenn der Vogel ihn nicht ausreichend abnutzt, muss er vom Tierarzt gekürzt werden.

Tipp

Fassen Sie sich kurz

Wellensittiche fühlen sich bedroht, wenn sie in der Hand gehalten werden. Für sie ist es, als wären sie in den Klauen eines Raubvogels gefangen. Halten Sie die Behandlung daher so ruhig und so kurz wie möglich ab und lassen Sie den kleinen Kerl danach wieder fliegen. Wenn Sie ihn wie beschrieben festhalten, kann er nicht flattern und um sich picken.

Wenn er doch mal krank ist

Krankheiten erkennen und behandeln

Abwechslungsreiches Futter, wenig Stress und regelmäßiger Freiflug sind die beste Gesundheitsvorsorge.

Wellensittiche sind wie gesagt ziemlich robust und anpassungsfähig. Doch trotz aufmerksamer Pflege, richtiger Haltung und Ernährung kann es zu Erkrankungen kommen. Hier erfahren Sie vieles über die häufigsten Krankheiten und was Sie im Ernstfall tun sollten.

Der richtige Tierarzt

Informieren Sie sich vorab, welcher Tierarzt sich auf Vögel spezialisiert hat, am besten schon, wenn die Piepmätze bei Ihnen einziehen. Denn wenn einer der Vögel krank wird, hat man oft nicht mehr die Zeit, sich nach einem Vogelspezialisten zu erkundigen.

Quarantäne – Trennung von Tisch und Bett

Verhält sich einer der Wellensittiche anders als sonst – er ist zum Beispiel apathisch, fliegt nicht mehr, hat keinen Appetit, sitzt nur aufgeplustert in der Ecke, hat Nasenausfluss oder Durchfall –, sollten Sie ihn zuallererst von dem restlichen Schwarm trennen und in einen Quarantänekäfig setzen, wo Sie ihn beobachten, zum Tierarzt bringen und behandeln können.

Unpässlichkeiten erkennen

Um erste Krankheitsanzeichen zu erkennen, müssen Sie Ihre Vögel genau kennen. Dazu gehört das tägliche Beobachten. Wie verhält sich der Welli, wenn es ihm gut geht?

Sitzt der Vogel desinteressiert in der Ecke und plustert sich auf, sollten Sie ihn im Auge behalten. Oft ist dies der erste Hinweis auf eine Erkrankung.

Ist er ein munterer, neugieriger Typ oder ohnehin etwas zurückhaltend? Nur wenn Sie sein normales Verhalten gut kennen, können Sie Abweichungen bemerken. Das ist bei Wellensittichen gar nicht so einfach, denn sie versuchen, sich so lange wie möglich „gesund" zu verhalten, da kranke Vögel den Schwarm gefährden könnten und von ihren Artgenossen aus dem Schwarm verstoßen werden. Und ein einzelner Wellensittich ist auch oft ein toter Wellensittich. Daher ist es oft schon recht spät, wenn der Wellensittich keinen Appetit mehr zeigt. Die ersten Warnsignale sind meistens veränderter Kot und ein aufgeplustertes Gefieder.

Spuren lesen

Ein wenig Kot kann schon eine Menge über die mögliche Krankheit aussagen. Je nach Konsistenz und Verfärbung gibt er Hinweise auf die betroffenen Organe. Grüngelber Durchfall kann beispielsweise auf eine Infektionskrankheit hinweisen, dunkelgrüner Kot lässt auf Innenparasiten oder eine Funktionsstörung der Gallenblase deuten. Wenn Sie den Patienten in einen separaten Käfig getan haben, können Sie ihm eine Wärmelampe (ca. 30 °C) anbringen, Tierkohle und etwas verdünnten Kamillentee anbieten.
Wenn es nach einem halben Tag nicht besser wird, sollten Sie umgehend zum Tierarzt gehen. Nehmen Sie eine Kotprobe mit.

Erste Krankheitsanzeichen erkennen

- **Apathie**
  Der Wellensittich sitzt ruhig an einem Fleck, schläft viele Stunden und zeigt wenig Interesse an seiner Umwelt und an den anderen Vögeln.
- **Appetitlosigkeit**
  Er frisst weniger als sonst.
- **Atemnot**
  Er plustert sich auf, wippt mit dem Schwanz und gibt eventuell Atemgeräusche von sich (hauchend oder knackend). Oft streckt er den Hals.
- **Augen, entzündete**
  Die Augen tränen und sind geschwollen, die Lider sind verkrustet und die Nase läuft. Wahrscheinlich hat der Welli Zugluft abbekommen.
- **Durchfall**
  Seine Verdauung ist verzögert, der Kot ist schleimig, dünnflüssig, blutig oder verfärbt und stinkt, das Hinterteil erscheint geschwollen.
- **Struppiges Gefieder**
  Der Vogel sitzt aufgeplustert auf der Stange, das Gefieder steht stumpf und struppig in alle Richtungen.
- **Verletzungen**
  Der Vogel hält Kopf, Extremitäten oder Flügel in unnatürlicher Haltung. Äußere Verletzungen sind erkennbar. Er taumelt, zittert oder hat Krämpfe.

Was der Tierarzt wissen muss

Ihr Tierarzt wird einige Fragen an Sie haben, um die richtige Diagnose zu finden. Halten Sie folgende Informationen bereit:

- Alter und Geschlecht des Vogels
- Wo wurde er gekauft (Händler/Züchter)?
- Seit wann ist er bei Ihnen?
- Wie wird er gehalten (Einzelvogel oder mehrere, Käfig oder Voliere, Standort des Käfigs, Kontakt zu anderen Tieren)?
- Was haben Sie gefüttert?
- Welche Symptome zeigt der Vogel?
- Wurde er schon behandelt?

EXTRA

Schnelldiagnose

→ *Die häufigsten Wellensittichkrankheiten*

Symptome	*Ursache*	*Behandlung*
Viele Federn im Vogelheim, Wellensittich wirkt erschöpft.	Schwächung durch die Mauser	Vermeiden Sie Stress und Zugluft, sorgen Sie für Ruhe, und füttern Sie Ihre Vögel abwechslungsreich. Normalerweise überstehen sie die Mauser gut. Ein älterer oder kränklicher Vogel benötigt evtl. Vitaminpräparate vom Tierarzt, die die Mauser erleichtern.
Würgen, Kopfschütteln, Abgabe von wässrigem Schleim	Kropfentzündung (kann viele Ursachen haben). (Achtung: Würgt das Tier eine wässrige Flüssigkeit und Futter hervor, kann das auch mit dem natürlichen Brutverhalten zusammenhängen. Dabei plappert der Vogel viel mit seiner Partnerin.)	Stellen Sie Ihren Vogel dem Tierarzt vor. Er wird eine Behandlung einleiten.
Wässriger, schleimiger, breiiger, farblich veränderter oder übel riechender Kot	Durchfall. Durchfallerkrankungen sind immer ein Warnsignal und können Hinweise auf viele Erkrankungen, aber auch auf Innenparasiten geben.	Trennen Sie das kranke Tier vom Rest. Verabreichen Sie ihm Aktivkohle und stark verdünnten Kamillentee. Wird es nach einem halben Tag nicht besser, sofort zum Tierarzt, damit dieser eine weitere Diagnose erstellen kann. Kotprobe nicht vergessen! Bei Wurmbefall wird er ein passendes Mittel verabreichen.

Symptome	*Ursache*	*Behandlung*
Desorientiertheit, Benommenheit	Der Welli könnte beim Freiflug mit dem Kopf gegen eine Scheibe geflogen sein.	Bringen Sie ihn sofort zum Tierarzt. Oft sterben die Tiere auch noch wenige Tage später daran.
Abgespreizter Flügel, verändertes Verhalten	Gebrochener Flügel	Auch hier muss der Tierarzt zurate gezogen werden. Er erstellt die Diagnose und kann den Flügel evtl. schienen.
Grindige, weiße Wucherungen rund um den Schnabel	Räudemilben (Vorsicht: Die Milben sind sehr ansteckend!)	Der Tierarzt kann ein wirksames Mittel verschreiben, mit dem die Räudemilben behandelt werden können.

→*Schwere Erkrankungen*

Störungen der Atmung, Durchfall, Apathie	Psittakose, auch Papageienkrankheit genannt. Wird durch ein Bakterium übertragen und ist auch für Menschen ansteckend.	Sofort zum Tierarzt! Da die Psittakose auch auf Menschen übertragen werden kann, zählt sie zu den meldepflichtigen Seuchen. Inzwischen gibt es Behandlungsmethoden, die den Vogel bei rechtzeitigem Erkennen retten können.
Apathie, Lähmungen, Atemnot, Wucherungen, Abmagerung	Tumor	Gehen Sie zum Tierarzt. Vielleicht kann er helfen, denn manche Tumoren können mittels einer Operation entfernt werden.
Abmagerung trotz gutem Appetit, häufiges Aufplustern, unverdaute Körner im Kot	Going light, wird durch einen Pilz übertragen.	Bei Therapie im Frühstadium bessere Überlebenschancen als im fortgeschrittenen Stadium.

Frühlingsgefühle bei Sittichs

Wenn Wellis balzen

Dieser Hahn rückt seiner Angebeteten ganz schön auf die Pelle.

Ihre Wellis fühlen sich rundum wohl, sind gesund und fit und verstehen sich prächtig. Vielleicht haben Sie auch ein Pärchen unter Ihren Vögeln, die sich ganz besonders mögen. Die beiden schnäbeln und putzen sich, er plappert, sie lauscht, und keiner trippelt einen Schritt oder flattert ein Stück ohne den anderen.

Vom Halter zum Züchter

Meistens beginnt es damit, dass ein Ei im Vogelsand liegt. Die Henne kümmert sich nicht weiter darum, doch wenn der mitleidige Vogelbesitzer nun einen Nistkasten anbringt, ist es um die verliebten Vögel geschehen, denn der Nistkasten löst erst recht die Balzlaune bei den Vögeln aus. Überlegen Sie sich gut, ob Sie genügend Platz für eine Brut Wellensittiche haben und liebevolle Hände im Freundeskreis oder in der Nachbarschaft, die Ihnen die Jungvögel abnehmen. Wenn Sie die Jungvögel nicht verantwortungsvoll unterbringen können, sollten Sie die Finger von einer Nachzucht lassen.

→ Lizenz zum Züchten

Sie brauchen für die Wellensittichzucht eine amtliche Genehmigung. Ohne diese Erlaubnis ist jede auch noch so kleine Zucht verboten und im Zweifelsfall strafbar.
Sie stellen also einen Antrag beim Ordnungsamt, dann kommt ein Amtstierarzt, der die Haltung und die Vögel kontrolliert, und anschließend bekommen Sie eine kostenpflichtige Zuchterlaubnis erteilt.
Mit diesem Nachweis erhalten Sie dann auch die vorgeschriebenen Fußringe für den Wellensittichnachwuchs.

Erst wird geschnäbelt, geturtelt, ins Ohr gezwitschert und dann ein wenig Nahrungsbrei hervorgewürgt.

Liebe unter Wellis

Beim Anblick eines Nistkastens wird gebalzt und geturtelt, was das Zeug hält. Die Henne wird gefüttert und beschnäbelt, gekrault und umgarnt, denn sie bestimmt, ob er der Richtige ist. Erst darf der Hahn an ihrer Seite sitzen und dann zum Schlafen die Stange mit ihr teilen. Wenn sie paarungsbereit ist, macht sich die Henne ganz flach, winkelt die Flügel an und streckt die Schwanzfedern nach oben. Dabei sieht sie ihn die ganze Zeit an. Nun kommt der Akt, der ein wahrer Balanceakt ist. Das Männchen steigt auf den Rücken der Henne, umfasst sie mit einem oder beiden Flügeln und drückt seine Kloake auf ihre, damit der Samen in den Eileiter dringen kann. Das ist gar nicht so einfach und klappt auch nicht immer auf Anhieb. Macht nichts, denn es finden mehrere Paarungen statt, bis das erste Ei gelegt wird.

Rückzug ins Separee

Nach der Sittichhochzeit bezieht das Weibchen seinen Nistkasten. Dabei ist sie ziemlich wählerisch: Bieten Sie ihr zwei Kästen an, die ruhig vom gleichen Modell sein können, und lassen Sie sie aussuchen, welchen sie bevorzugt. Für die nächsten 9 Wochen zieht sie sich zurück und kommt nur heraus, um sich zu erleichtern. Das Männchen ist nun für ihre Versorgung zuständig.

Der passende Nistkasten

Nistkästen sollten aus Holz sein und waagrecht in Augenhöhe angebracht werden. Vom Modell her bieten sich Kästen an, die breiter als hoch sind und über ein Dach mit Scharnier verfügen, damit man die Brut kontrollieren kann. Das Einflugloch sollte einen Durchmesser von 5 cm haben mit Landestange davor. Ist der Käfig groß genug, wird der Nistkasten im Käfig angebracht, sind die Verhältnisse etwas beengt, können Sie ihn auch von außen in Höhe der zweiten Käfigtür befestigen.

Kein Komfort

Wellis brüten gern spartanisch, das heißt, dass sie ihr Nest nicht mühevoll mit Nistmaterial bestücken. Dafür brauchen sie eine Vertiefung im Boden, die sogenannte Nistmulde, damit das Gelege nicht auseinanderrollt. Damit ist dem Komfort Genüge getan.

Ein Blick in den Nistkasten: Die fünf schneeweißen Eier liegen in der Nistmulde.

Kleine Feder-Punks

Nachwuchs bei den Wellis

Welli-Eier

Nach ungefähr 10 Tagen legt das Weibchen das erste Ei, alle zwei Tage folgt ein weiteres, bis sie vier bis sechs Eier gelegt hat. Die Eier sind, wie bei allen Höhlenbrütern, weiß. Das Weibchen beginnt gleich mit der Brut und verlässt vier- bis fünfmal am Tag das Nest, um Kot abzusetzen. Das Männchen stattet ihr Besuche ab und versorgt sie mit hervorgewürgtem Nahrungsbrei. Nach 18 Tagen schlüpft das erste Junge, die anderen schlüpfen in der Reihenfolge des Geleges immer zwei Tage später.

Gönnen Sie den Elterntieren eine Pause, nachdem die Brut ausgezogen ist, indem Sie den Nistkasten aus dem Käfig entfernen.

Nistkastenkontrolle

Schon vor Brutbeginn sollten Sie die Nistkästen täglich kontrollieren, damit sich die Vögel daran gewöhnen. Während der Brutzeit sollten Sie jedoch nur in den Kasten schauen, wenn das Weibchen das Nest verlassen hat, um sich zu entleeren, da die Henne empfindlich auf Störungen aller Art reagiert. Wenn Junge im Kasten sind, ist eine tägliche Kontrolle unabdingbar, da tote Junge von den Alten im Kasten belassen werden und durch Verwesungsvorgänge die ganze Brut gefährdet werden kann.

→ Eiertest – befruchtet oder unbefruchtet?

Nicht jedes Ei wird befruchtet. Damit Sie wissen, ob es sich um ein taubes Ei handelt, können Sie die Eier während der Abwesenheit des Weibchens herausnehmen und vor eine starke Taschenlampe halten. Befruchtete Eier sind dunkler, haben einen bläulichen Schimmer und lassen im Gegenlicht hellrote Blutgefäße erkennen. Unbefruchtete Eier sind im Gegenlicht hell und durchsichtig. Entfernen Sie die unbefruchteten nicht alle auf einmal, sondern nach und nach. Sonst ist das Weibchen verunsichert und könnte die Brut möglicherweise aufgeben.

Erst sind die Vögelchen nackt und blind, dann entwickelt sich der erste Flaum. Nach einer Woche kommen die ersten Federkiele.

Mit ihrem Jugendflaum sehen die jungen Wellensittiche aus wie kleine Punks.

Frisch geschlüpfte Welli-Küken

Bevor die kleinen Vögelchen schlüpfen, unterhalten sie sich mit der Außenwelt, sozusagen als sprechendes Ei. Das ist für die Eltern wichtig, damit sie auf ihren Nachwuchs eingestimmt werden und nicht zu Aggressionen neigen. Das Ei wird systematisch von innen aufgefräst, einmal reihum um den Ei-Äquator. Dann streckt sich der Winzling und das Ei zerspringt in zwei Hälften: Zum Vorschein kommt ein rosafarbenes, nacktes und blindes Vögelchen. Nach einigen Tagen entwickelt sich ein weißlicher Flaum, nach einer Woche sind die ersten Federkiele zu erkennen. In den ersten Tagen werden die Jungen ausschließlich vom Weibchen mit der proteinreichen Kropfmilch gefüttert. Das Weibchen legt den Jungvogel auf den Rücken und füllt seinen Kropf. Erst wenn sie älter sind, darf auch der Hahn seine Brut füttern.

Ring ans Bein

Bereits nach einer Woche wird es Zeit für den Ring. Nehmen Sie die Wellis nach und nach vorsichtig aus dem Nest und streifen Sie behutsam den Ring über das Füßchen, ohne die Zehen zu verbiegen.

Das Licht der Welt

Im Alter von acht bis zehn Tagen öffnen die kleinen Wellis ihre Augen, doch das Licht der Welt erblicken sie erst nach 30 bis 35 Tagen, wenn die fertigen Jungvögel den Nistkasten verlassen. Nun finden auch die ersten noch etwas ungeschickten Flugversuche statt, und es wird getestet, wie weit die Schwingen tragen. Nach acht bis zehn Wochen wird es für die Jungvögel Zeit, in ein neues Zuhause umzuziehen, denn nun ist es mit der elterlichen Fürsorge vorbei und die Jungen werden von ihren genervten Eltern verscheucht.

Kinderaufzucht kostet Kraft

Das Brutgeschäft ist ziemlich anstrengend. Daher brauchen die Elterntiere während der Brut und Aufzucht ausreichend Kalk und Keimfutter. Sobald die Jungen da sind, wird ein eiweißhaltiges Weichfuttergemisch angeboten, das man mit geriebenen Möhren oder Äpfeln noch etwas saftiger machen kann.

Auf einen Blick

Mein Pflegeplan

Check Futter für die Wellis

- Ein Mal täglich 1–2 Teelöffel Körnermischung pro Wellensittich
- Frisches Wasser
- Frische Äste und Zweige zum Knabbern und Klettern (Obstgehölze, Weide, Buche, Hasel etc.)
- Gemüse: Möhren, Mais, Zucchini, Brokkoli, Fenchel, Petersilie, Kresse
- Obst: Apfelschnitz, Traube, Aprikose, Erdbeere, ein Stück Melone
- Wiesenkräuter: Vogelmiere, Löwenzahn, Beifuß, Hirtentäschelkraut, Gräser mit Rispen, Sauerampfer, Wegerich
- Keimfutter: Getreide, Hafer, Soja- oder Mungosprossen
- Sepiaschale
- Zur Belohnung ab und zu Kolbenhirse

Täglich

Futter- und Wassernäpfe reinigen

Leeren Sie die Futter- und Wassernäpfe, spülen Sie diese mit heißem Wasser aus. Anschließend werden die Näpfe mit frischem Wasser und Futter befüllt. Auch das Badehäuschen wird abgebaut, geschrubbt, neu befüllt und wieder eingehängt.

Rund um den Käfig

Entfernen Sie alle verstreuten Nahrungsreste, nicht gegessene Obst- und Gemüsestückchen, vergilbte oder verwelkte Pflanzenteile. Auch die losen Federn und der Kot sollten aus dem Käfig genommen werden. Sind Äste oder andere Sitzstangen verdreckt, werden sie gereinigt oder gegen neue ausgetauscht. Pusten Sie die leeren Spelzen aus dem Futternapf, damit die Wellis die vollen Körner erreichen können.

Freiflug

Wenn Ihre Vögel keine Voliere haben oder ohnehin rein und raus dürfen, wie es Ihnen gefällt, brauchen sie mindestens zwei Stunden Freiflug. Achten Sie darauf, dass alle Fenster und Türen geschlossen sind und alle Gefahrenquellen weggeräumt wurden, bevor Sie das Türchen öffnen.

Alle fit?

Natürlich gehört der kritische Blick zu den täglichen Aufgaben. Sind alle Wellis fit? Haben sie Appetit und sind munter und neugierig? Ist der Kot normal? Sollte einer schlapp wirken, aufgeplustert in der Ecke sitzen oder gar Durchfall haben, muss er zum Tierarzt, wenn sich sein Zustand nicht bessert.

Wöchentlich

Hausputz

Nun ist es an der Zeit für einen gründlichen Hausputz. Entlassen Sie die Wellis zu ihrem täglichen Freiflug und knöpfen Sie sich den Käfig vor. Alle Äste, Sitzstangen, Spielzeuge und Futterschalen werden abmontiert, die Bodenschale geleert. Nun wird der Käfig (Ober- und Unterteil) mit heißem Wasser und eventuell einem sanften Desinfektionsmittel geschrubbt. Nachdem er getrocknet ist, wird die Schale mit neuem Vogelsand gefüllt, neue Äste als Sitzstangen hineingeklemmt und das ebenfalls geputzte Spielzeug aufgehängt.

Auch draußen wird sauber gemacht

Danach kommen sämtliche Freisitze an die Reihe, die auch abgeschrubbt und gegebenenfalls ersetzt werden. Wenn Sie eine Außenvoliere haben, harken und putzen Sie auch diese gründlich.

Neues auf der Vogelwiese

Vergessen Sie nicht, ab und zu frisches Keimfutter anzusetzen, damit die Wellis eine neue Wiese haben, die sie abgrasen können.

Nach Bedarf

Benutztes austauschen

Hin und wieder hilft auch Schrubben nichts mehr. Wenn die Spielsachen zu benutzt aussehen, Kletterseile nicht zu reinigen sind und manches einfach durchgenagt ist, wird es Zeit für einen kleinen Besuch im Zoofachhandel: Werfen Sie die alten Sachen weg und gönnen Sie Ihren Wellis etwas Neues. Auch die Freisitze und der Kletterbaum müssen ab und zu mal gegen neue ausgetauscht werden.

Krallen- und Schnabelpflege

Kontrollieren Sie regelmäßig die Krallen und den Schnabel. Nutzen sie sich gleichmäßig ab oder werden sie zu lang? Dann wird es Zeit fürs Krallenkürzen. Schneiden Sie sie vorsichtig mit einer Krallenzange, ohne die Blutgefäße zu verletzen. Ist der Schnabel zu lang, sollten Sie ihn vom Tierarzt schneiden lassen. Wenn Sie den Vogel schon in der Hand haben, können Sie ihn gleich näher betrachten. Wie viel hat er auf den Rippen? Was sagen Haut und Gefieder? Sind Milben zu entdecken? Und ist der Ring noch locker? Halten Sie den Check kurz, denn er bedeutet für den Vogel Stress.

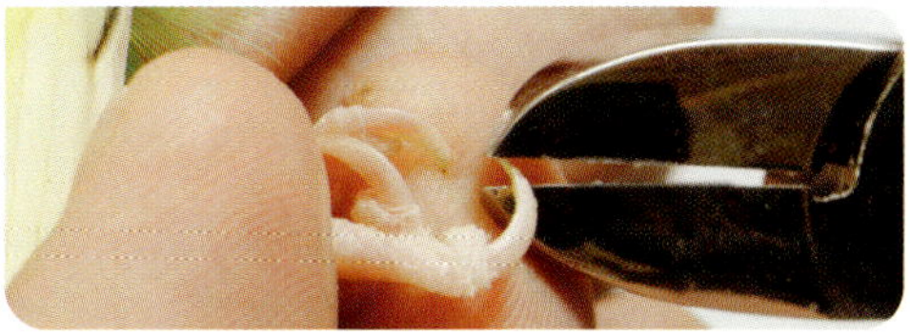

3

Verstehen & beschäftigen

Hellwach und flink

Typisch Wellensittiche

Big Welli is watching you! Mit ihrem gestochen scharfen Blick entgeht den Wellensittichen nichts. Sie fühlen sich beobachtet? Sie haben Recht!

Gestochen scharfer Blick

Wellensittiche sehen gestochen scharf und dazu noch in Farbe. Sie erkennen sogar UV-Strahlen im langwelligen Bereich, die wir Menschen nicht sehen können. Nur mit dem zweidimensionalen Sehen ist es nicht so weit her, da die Augen seitlich am Kopf liegen und jedes getrennt vom anderen sieht. Dafür ist das Sehfeld größer, und kombiniert mit dem beweglichen Hals haben Wellis den Rundumblick. Wenn der Wellensittich nach vorn sieht, hat er auch einen Ausschnitt im binokularen, räumlichen Bereich, der aber viel kleiner ist als beim Menschen.

Rasante Bildfolge

Wenn Sie ins Kino gehen, besteht der Film ungefähr aus 24 Bildern pro Sekunde, damit Sie den Filmstreifen als bewegten Film und nicht als Einzelbilder wahrnehmen. Für Wellis wäre der Film eine Diaschau, denn für sie ergeben erst 150 fortlaufende Bilder pro Sekunde eine Bewegung. Wer mit 120 km/h im dicht gedrängten Schwarm über die Lande fliegt, muss möglichst schnell viele Situationen erfassen und zeitnah reagieren können: Dort ist es grün! Dahinten sitzt ein Raubvogel! Oder der Schwarm fliegt plötzlich eine rasante Linkskurve. Kurzsichtige oder langsam reagierende Vögel würden eine Massenkarambolage verursachen oder dem nächstbesten Fressfeind zum Opfer fallen.

Gute Zuhörer

Wer viel erzählt, kann auch gut (zu-)hören. Und was machen Wellensittiche den lieben langen Tag? Sie zwitschern, tschilpen und zetern, säuseln ihrer Angebeteten etwas in leisen Tönen vor oder vertreiben den Konkurrenten schimpfend vom Futternapf. All das kommt auch an. Zwar sind die Ohren, die unterhalb der Augen liegen, sehr

„Komm, und erzähl mir was, plauder auf mich ein!" Wellis murmeln ständig vor sich hin, und die Partner hören aufmerksam zu – meistens jedenfalls.

klein und unter den kleinen Federchen gut versteckt, aber sie funktionieren ganz ähnlich wie die des Menschen. Auch der Frequenzbereich, den sie wahrnehmen können, ist dem unseren ganz ähnlich.

Kein Schnüffelprofi

Im Wettbewerb, wer den besten Riecher hat, würden Wellensittiche keinen Blumentopf gewinnen. Das Riechvermögen ist wie bei fast allen Vögeln nicht von Belang und daher eher unterentwickelt. Schmecken können sie jedoch sehr gut: Die Sittiche können Saures und Süßes, Bitteres und Salziges unterscheiden. Und sie haben eine Schwäche für alles, was salzig ist, auch wenn es ihnen nicht bekommt.

Süßer Apfel oder saurer? Wellensittiche schmecken den Unterschied sofort.

Good Vibrations

Wellensittiche besitzen in ihren Füßen und Beinen Sinneszellen, mit denen sie geringste Vibrationen wahrnehmen können. Schon kleinste Erschütterungen spüren sie, zum Beispiel, wenn sich von hinten eine Schlange durch den australischen Busch schlängelt. Allerdings haben ihre seismischen Fähigkeiten in unserer Zivilisation auch Nachteile: Ein vorbeifahrender Laster kann die kleinen Vögel in Angst und Schrecken versetzen. Stellen Sie daher den Käfig auch nicht auf den Kühlschrank, die Waschmaschine oder in die Nähe der Stereoanlage.

Wärmeaustauscher

Im australischen Busch kann es im Winter ganz schön kalt werden, dafür werden im Sommer schnell mal 40 °C erreicht. Wird es zu ungemütlich, ziehen die Vögel in klimatisch angenehmere Regionen, denn Wellensittiche haben keine Schweißdrüsen und können nicht schwitzen. Unsere Heim-Wellis bevorzugen eine Temperatur von 20 °C und eine Luftfeuchtigkeit von 50 %. Wird es ihnen zu warm, spreizen sie die Flügel leicht ab und fangen an zu hecheln. Durch die Verdunstung der Atemluft sorgen sie für Kühlung. Bei kühleren Temperaturen plustern sie sich zu kleinen Federbällen auf, um die Wärmedämmung zu gewährleisten.

Wenn Wellensittiche hecheln, ist es ihnen oft zu warm. Da sie nicht schwitzen können, verschaffen sie sich auf diese Weise ein wenig Kühlung. Dieser Welli gähnt allerdings gerade.

EXTRA
Flüstern, zwitschern und krakeelen

Die Sprache der Wellis

- Vor lauter Vorfreude geben Wellensittiche ein leises Surren von sich.

- Und wenn sie sich freuen, trippeln sie aufgeregt auf der Käfigstange herum und zwitschern fröhlich vor sich hin.

- „Wo bist du?“, fragt der Welli mit kurzem Tschilpen, wenn er seinen Partner ruft.

- Beim Balzen wird geschnalzt, gegurrt und gezwitschert, was das Zeug hält. Dabei stellt das Männchen das Gefieder am Kopf auf, nickt, zwitschert, singt und piept. Das Weibchen lauscht und zirpt, zwischendurch trippelt es und bettelt das Männchen an.

- „Mir geht’s gut!“ Das drücken Wellensittiche aus, wenn sie leise zwitschern, sich strecken, mit dem Schnabel knirschen und sich gegenseitig das Gefieder putzen.

- Wenn Wellensittiche betteln, hört man ein leises, gluckerndes Wimmern.

→ „Was gibt es Neues?“ Neugierige Wellis sträuben die Federn an der Stirn und öffnen den Schnabel ein wenig.

→ „Komm mir bloß nicht zu nahe!“ Das drücken Wellensittiche mit einem leisen Grummeln aus.

→ „Vorsicht, Gefahr!“ Der Warnruf der Wellensittiche besteht aus einem schrillen Zwitschern, wobei alle auffliegen.

→ Wellis können sehr ausdauernd zetern, wenn sie sich ärgern. Allerdings auch, wenn ihnen langweilig ist. Dann können sie das Gezeter mit einem Beschäftigungsprogramm abstellen.

→ Wellis sind sehr friedlich, doch wenn es reicht, dann reicht es! Mit hoch aufgerichteten Nacken- und Stirnfedern und schrillen Tönen signalisieren sie ihre Angriffsbereitschaft. Reagiert der andere nicht, gibt es die erste Attacke mit aufgerissenem Schnabel und zurückgelegtem Kopf.

→ „Ich bin müde!“ Auch Wellensittiche können herzhaft gähnen. Vor der Schlafenszeit zwitschern die Vögel ganz leise vor sich hin, mit halb geschlossenen Augen. Schlafen sie dann richtig, wird ein Bein angezogen und der Kopf unter den Flügel gesteckt.

Wie ein Pfeil durch die Lüfte

Freiflug tut gut

Wellensittiche sind zum Fliegen geboren. Daher muss man ihnen täglich einige Stunden Freiflug gewähren, damit sich die Vögel artgerecht bewegen und beschäftigen können. Wellis ohne Freiflug langweilen sich, und aufgrund des Bewegungsmangels werden sie oft zu dick.

Ein paar Startvorbereitungen

Bevor Sie die Wellis freilassen, sollten Sie ein paar Vorbereitungen treffen. Voraussetzung ist, dass die Vögel schon zwei bis drei Wochen bei Ihnen leben und einigermaßen handzahm sind, bevor Sie das Türchen öffnen.

Sicherheits-Check

Prüfen Sie den Raum, der für den Freiflug vorgesehen ist, nach folgenden Kriterien:

- Sind alle Türen und Fenster geschlossen und alle Scheiben und Spiegel verhängt? Am Anfang sollten Sie die Rollläden herunterlassen, damit die Vögel nicht gegen die Scheibe fliegen.
- Gibt es Ritzen und enge Spalten zwischen Wand und Möbelstücken? Gerade Welli-Weibchen werden von potenziellen „Bruthöhlen" magisch angezogen.
- Sind alle Schubladen und Schränke zu?
- Stehen Vasen oder ein offenes Aquarium herum? Nehmen Sie die Vase aus dem Raum und decken Sie das Aquarium ab.
- Wie sieht es mit giftigen, heißen und verschluckbaren Gegenständen aus? Dazu zählen Giftpflanzen, Bleibänder in Gardinen und Vorhängen, Pflanzendünger in Topfpflanzen, Kleber, brennende Kerzen, Zigaretten (auch unangezündete und Kippen), Öfen und Kamine, Spielzeugkleinteile etc.
- Gibt es Gardinen, Webtapeten, gewebte Teppiche oder Ähnliches, in denen sich die Wellis verheddern können?
- Wie sieht es mit Stromkabeln aus? Verstecken Sie diese nach Möglichkeit.

Flugsicherheit prüfen

Wie vor jedem anständigen Start ist ein Flugsicherheits-Check notwendig. Sie brauchen allerdings nicht zu überprüfen, ob das Fahrgestell Ihrer Wellensittiche funktioniert und ob die Seitenruder beweglich sind. Das haben die Vögel im Griff. Sie sind für die Sicherheit im Luftraum zuständig. Generell haben die Wellis in Zimmern wie Küche und Bad nichts zu suchen, auch nicht beim Freiflug. Hier ist die Zahl der Gefahrenquellen viel zu hoch (Küchendämpfe, heiße Herdplatten, gefüllte Waschbecken, offene Toilettenschüsseln und so weiter).

Bitte um Landeerlaubnis

Bieten Sie Ihren Wellensittichen einen Landeplatz an. Zu Beginn wird es wahrscheinlich die Gardinenstange sein, später, wenn Sie die bevorzugten Plätze kennen, können Sie ihnen einen an der Decke aufgehängten Ast, ein Spielzeug oder einen aufgestellten Erlebnisbaum (siehe Seite 62) als Landefläche anbieten.

Startbahn West – Ready for take off

Nun kommt der große Moment und Sie öffnen die Käfigtür. Und was passiert? Meistens erst einmal gar nichts. Neue Situationen werden von den Vögeln kritisch beäugt, denn es könnte ein Sicherheitsrisiko darstellen. Sie müssen erst einmal Mut fassen. Wahrscheinlich klettern sie nach einiger Zeit zur Tür und spähen hinaus. Die Mutigen klettern vielleicht außen am Gitter hoch und besichtigen die große weite Welt vom Käfigdach aus. Geben Sie den Tieren Zeit und drängen Sie sie nicht. Irgendwann wird einer die ersten Flügelschläge machen und sich in die Lüfte erheben. Bleiben Sie im Zimmer und beobachten Sie das Ganze.

Über den Wolken …

… muss die Freiheit wohl grenzenlos sein. Wenn Ihre Wellis keine Lust auf Käfig haben, sollten Sie keinesfalls versuchen, sie mit Gewalt einzufangen. Eine wilde Treibjagd und nach ihnen greifende Hände würde die Vögel nur verschrecken und das Vertrauen zu Ihnen stören. Lassen Sie einfach den Käfig offen und warten Sie ab. Irgendwann wird auch der größte Flugkünstler Hunger bekommen und wieder in seinen Käfig zurückkehren. Außerhalb des Käfigs gibt es erst einmal nichts.

Start, Freiflug und Landung – das erfordert ein wenig Übung. Gerade Jungvögel stellen sich noch ziemlich unbeholfen an und verursachen noch so manche Bruchlandung. Die Älteren hingegen schießen rasant durch die Lüfte und landen äußerst geschickt.

Plitsch-platsch, Badespaß

Woran Wellis Freude haben

Fliegen gehört sicher zu den wichtigsten Bedürfnissen der Wellis. Manche Vogelfreunde haben ihren Vögeln ein extra Flugzimmer eingerichtet. Hier bleibt der Käfig immer offen und die Tiere können nach Herzenslust rein und raus. Aber Wellis haben auch an anderen Dingen Freude: zum Beispiel am Baden.

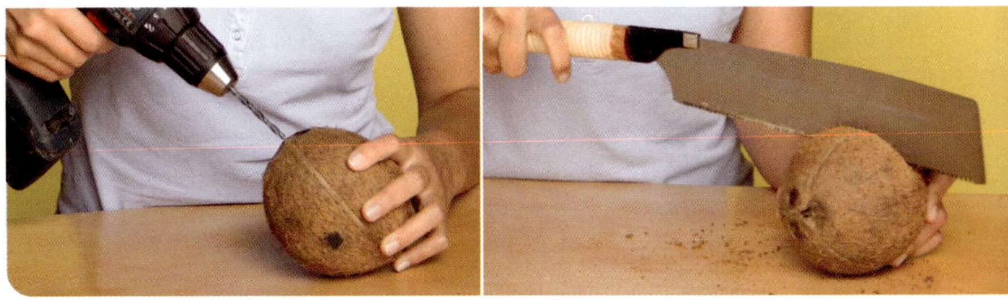

Zuerst wird die Kokosnuss angebohrt, die Milch abgelassen und die Nuss in zwei Hälften gesägt. Anschließend wird das Fruchtfleisch entfernt.

Dusche oder Badewanne?

Vom Badehäuschen, das man in die zweite Käfigtür einhängen kann, haben Sie bereits im ersten Kapitel gelesen. Manche mögen keine Badewanne, sondern bevorzugen ein nasses Salatblatt für ihr Bad. Andere Wellis stehen mehr auf duschen! Dazu wird Wasser in eine Blumensprühflasche gefüllt und die Wellis werden vorsichtig mit einem feinen Sprühnebel eingesprüht. Wechseln Sie das Wasser täglich und lassen Sie die Blumenflasche zwischendurch austrocknen, damit keine Bakterien entstehen. Wieder andere haben gelernt, auf der Hand ihres Besitzers am laufenden Wasserhahn zu planschen.

Tipp

Lauwarmes Wasser, bitte

Egal, ob Ihre Wellis auf baden oder duschen stehen: Sorgen Sie dafür, dass das Wasser lauwarm ist, die Vögel nicht nass bis auf die Haut werden und anschließend einen warmen und zugfreien Platz haben, wo sie wieder trocknen können.

Hollywoodschaukel für Wellensittiche

Wellensittiche sind ziemlich neugierig. Neben Baden und Fliegen erkunden sie auch gern ihre Umgebung. Ganz weit oben auf der Hitliste stehen Kokosnüsse. Da kann man nämlich so schön die Fasern abziehen. Wenn Sie die Kokosmilch durch ein Bohrloch ablassen, die Nuss mit einer Säge in zwei Hälften teilen und das Fruchtfleisch entfernen, haben Sie bereits das Unterteil der Schaukel. Nun wird links und rechts ein Loch in die Schale gebohrt, ein Sisalseil hindurchgezogen und das Ganze aufgehängt. Fertig ist die Hollywoodschaukel für die kleinen Papageien.

Hochseilgarten – Kletterparadies für Wellis

Wie Sie schon wissen, bietet es sich an, den Wellis Freisitze einzurichten, auf denen sie landen können. Die Freisitze gibt es im Zoofachhandel zu kaufen, oder Sie basteln sie sich selbst aus Zweigen und Ästen. Damit der Freisitz nicht nur eine einfache Anflugstation wird, können Sie ihn noch ein wenig aufpeppen. Spannen oder hängen Sie Kletterseile zwischen die Hölzer (horizontal und vertikal), binden Sie Bast an verschiedene Stellen, den die Wellis zerfleddern können. Auch kleine Leitern, Schaukeln oder anderes Spielzeug erhöhen die Attraktivität des Sitzplatzes, der inzwischen schon zu einem richtigen Abenteuerspielplatz geworden ist. Auch Papprühren wie zum Beispiel Klopapier- oder Küchenpapierrollen werden gern erforscht und zerfleddert. Zerfleddern gehört übrigens zu den Lieblingsaufgaben der Wellensittiche!

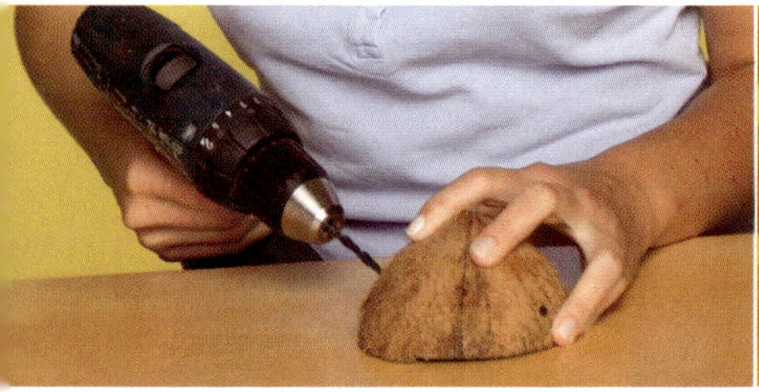

Nun wird noch links und rechts ein Loch gebohrt, das Sisalseil hindurchgefädelt und verknotet und fertig ist die Kokosschaukel.

Was Ihnen lieb und teuer ist

Wenn Sie Ihren Teppich oder Ihr Parkett schonen wollen, sollten Sie eine Schale Vogelsand oder Küchenrolle unter den Freisitz legen, denn das viele Klettern regt die Verdauung an und es werden sicher Kleckse fallen. Das Nächste ist die Fledderleidenschaft: Vielleicht vergreifen sich Ihre Vögel nicht nur an den dafür vorgesehenen Utensilien wie Papprollen, Bast und Sisalseilen, sondern interessieren sich stark für Ihre Tapete. Wenn erst mal ein Anfang gemacht ist, lassen sich auch hier schöne Streifen von der Wand ziehen, und viele Wellis lassen sich nur schwer von ihrem neu entdeckten Hobby abbringen. Man kann versuchen, selbstklebende Folie aus dem Baumarkt an die bevorzugten Knabberstellen zu kleben oder eine Plexiglasscheibe davorschrauben. Manche bieten ihren „Nagern“ eine Korkplatte an, an der die Vögel ihre Knabberleidenschaft ausleben können.

Für KIDS

Erlebnisbaum für aufgeweckte Vögel

Zutaten für den Erlebnisbaum

Hast Du Lust, deinen Wellis einen tollen Kletterbaum zu basteln? Dazu brauchst Du folgende Zutaten:

- 1 großer Ast (Korkenzieherhasel oder -weide sieht sehr schön aus, aber es geht auch ein Ast vom Apfelbaum)
- 1 großer Blumentopf und etwas Klebeband
- Gips, Eimer, Wasser und Kelle zum Anrühren
- etwas Vogelsand
- Bast und Spielzeuge, die Du an den Baum hängen kannst.

Holzfäller sind gefragt

Nachdem Du den Ast mit einer Säge abgesägt hast (frag vorher, ob Du Dir einen absägen darfst), nimmst Du den großen Blumentopf und klebst unten das Loch mit Isolierband zu, damit der Gips nicht später herausquillt.

Gipspampe anrühren

Nun wird der Gips angerührt. Das ist eine ziemliche Schweinerei! Am besten machst Du es draußen und nicht gerade auf Mamas Lieblingsteppich. Nimm den Eimer und schütte etwa zu einem Viertel das Gipspulver hinein. Nun gibst Du Wasser dazu und rührst es kräftig mit der Kelle um. Ist es zu trocken, brauchst Du noch einen Schluck Wasser. Der Gips muss am Ende eine schöne cremige Pampe ergeben, ähnlich wie Kuchenteig, und darf nicht zu flüssig sein.

Ab in den Topf

Nun füllst Du den Blumentopf zu drei viertel mit der Gipspampe auf und steckst den Ast genau in die Mitte, sodass er gerade ist. Um den Ast herum kannst Du den Gips mit der Kelle glatt streichen, und nun musst Du ein Weilchen warten, bis der Gips ausgehärtet ist. Inzwischen kannst Du Eimer und Kelle aus- und abspülen.

Dekorieren

Den Rest des Blumentopfes füllst Du mit Vogelsand auf. Nun steht Dein Welli-Baum, und Du kannst ihn jetzt noch spannender gestalten. Häng doch einfach ein paar Spielzeuge auf. Wie wär's mit einer kleinen Leiter? Bunten Kletterseilen? Hübschen Schaukeln? Etwas Bast, an dem sie herumzauseln können? Natürlich kannst Du auch Apfelringe, Kolbenhirse und andere Leckerbissen festbinden.

Ein Fest für Wellis

Na? Was sagen Deine Wellis dazu? Du brauchst nicht enttäuscht zu sein, wenn sich Deine Vögel nicht gleich begeistert draufstürzen. Bei neuen Sachen sind sie noch etwas zurückhaltend. Aber spätestens nach ein paar Tagen haben sie Deinen tollen Baum erspäht und werden ihn gern anfliegen, um sich darin auszutoben.

Ganz schön schlau

Intelligenztests für kluge Köpfe

Wellis sind zwar klein, aber wie alle Papageienarten ziemlich neugierig und verspielt. Und Spielen macht bekanntlich schlau. Wellensittiche können zum Beispiel Farben unterscheiden, und sie können sogar zählen!

Findest du das Futter?

Dass Wellensittiche gute Augen haben, alles und jeden beobachten und auch Farben unterscheiden können, wissen Sie bereits. Nun können Sie Ihre Vögel auch testen. Dazu lassen Sie Ihre Wellis erst im Käfig und füttern sie gerade nicht. Inzwischen stellen Sie zwei identische Futternäpfe an einen Platz, den die Wellis gern anfliegen, und schneiden aus grünem und rotem Pappkarton zwei Deckel. Befüllen Sie einen Napf mit Futter und versehen ihn mit dem grünen Deckel, der andere bleibt leer, und er bekommt den roten Deckel. Nun werden die Sittiche aus dem Käfig gelassen. Zeigen Sie ihnen die grüne Karte, ein Stück Karton mit der gleichen Farbe des grünen Deckels. Was tun die Sittiche? Wiederholen Sie den Versuch einige Male. Wie schnell lernen sie, welcher Napf sich lohnt?

Unter welchem Hütchen steckt wohl das Futter? Unter dem Grünen, Gelben oder Blauen? Eine ganz schön kniffelige Aufgabe für einen Wellensittich!

Variante für Hütchenspieler

Das gleiche Spiel können Sie auch machen, indem Sie die Hütchen von Eierkartons abschneiden und entsprechend bunt anmalen. Legen Sie das Futter erst unter alle Hütchen, damit die Vögel lernen, dass sie diese umwerfen müssen. Später können Sie sich eine bestimmte Farbe ausdenken, unter die der Leckerbissen versteckt wird.

Kann bis drei zählen

Wellis können zählen, mindestens bis drei. Wiederholen Sie den Futternapftest. Diesmal werden die Näpfe nicht mit farbigen Deckeln verschlossen, sondern mit weißen Karten, die mit schwarzen Punkten versehen sind, ähnlich eines Würfels. Halten Sie eine entsprechende Karte mit der gleichen Punktzahl hoch. Findet der Welli den richtigen Napf?

Wellis haben Ballgefühl! Manche spielen Fußball andere tragen die kleinen Gitterbälle lieber mit dem Schnabel durch die Gegend oder rollen sie – und wiederum andere lassen die runden Dinger links liegen und schenken ihnen gar keine Beachtung.

Fußballprofis

Wellis haben Ballgefühl! Im Zoofachhandel gibt es kleine Gitterbälle, extra für die Sittiche, die sie mit dem Schnabel greifen und durch die Gegend schleudern können. Wenn Sie den Ball ins Spiel bringen, werden die Vögel vermutlich interessiert zusehen. Rollen Sie ihn hin und her und haben Sie Geduld. Irgendwann wird einer das Spielfeld betreten. Was macht er? Spielt er mit? Hält er den Ball mit dem Schnabel auf oder rollt er ihn in eine andere Richtung? Vielleicht nimmt er ihn in den Schnabel und bringt ihn zu Ihnen zurück.

Der Trick mit dem Click – Clickertraining für Wellis

Im Zoofachhandel oder im Internet können Sie sich einen so genannten Clicker besorgen. Das ist eine Art Knackfrosch. Wenn Sie ihn richtig einsetzen, wird er zum Belohnungssignal. Dadurch wird es möglich, Ihre Vögel zu erziehen. Konsequent eingesetzt, lassen sich erstaunliche Leistungen erzielen.

1. Damit der Vogel den Clicker als etwas Angenehmes kennenlernt, füttern Sie ihn mit besonderen Leckerbissen. Jedes Mal, wenn der Welli gierig zubeißt, clicken Sie. Wiederholen Sie das mehrmals täglich für kurze Zeit. Nach einer Weile können Sie testen, ob er auf den Clicker reagiert, indem Sie clicken, ohne ihn zu füttern. Schaut er her und erwartet das Futter? Wenn er gleich Interesse zeigt, hat eine Konditionierung stattgefunden und er kann mit dem Clicker belohnt werden.
2. Nun brauchen Sie sich nur noch mit dem Clicker ins Zimmer zu setzen und Ihre Wellis zu beobachten. Geht einer beispielsweise abends zufällig in den Käfig, clicken Sie und sagen „Käfig“. Im Käfig erhält er eine Belohnung. Wenn Sie das ein paar Abende lang machen, wird er schnell lernen, dass er in den Käfig soll, und es auch zu anderen Tageszeiten befolgen. Sie können den Clicker auch in jeder anderen Situation anwenden.

EXTRA
Sprachkurs für Wellensittiche

Sparkie, das Sprachgenie

Der wahrscheinlich berühmteste sprechende Wellensittich war Sparkie Williams. Er beherrschte ein Repertoire von acht Kinderreimen, nahezu 360 Redensarten und ein Vokabular von mehr als 550 Worten. Allerdings war Sparkie ein Sprachgenie, was nicht jedem Wellensittich in die Wiege gelegt wird, und Sparkie war einsam. Er hatte keine Artgenossen, mit denen er sich auf Welli-Art unterhalten konnte. Daher suchte er seinen Sozialkontakt beim Menschen und imitierte seine Sprache, auch wenn er kein Wort davon verstand.

Nicht jeder Welli kann es

Seien Sie nicht zu enttäuscht, sollten sich Ihre Wellensittiche nicht als Musterschüler entpuppen. Nicht jeder kann es! Und da man heutzutage zum Wohl der Vögel mindestens zwei hält, plaudern die Sittiche lieber auf Welli-Art anstatt sich eine weitere Sprache anzueignen. Dennoch lohnt sich der Versuch allemal. Besonders jungen Männchen werden die größten Sprachtalente nachgesagt. Handzahme Wellensittiche unterhalten sich auch gern mit ihrem Pfleger. Ist dieser gesprächig, bestehen gute Chancen, dass sie das ein oder andere „Fremdwort“ aufschnappen.

Junge Männchen sind sprachbegabter als die Weibchen.

Nehmen Sie ihn auf den Finger und wiederholen Sie seinen Namen.

Lektion eins

Nehmen Sie den Wellensittich in den Morgen- oder frühen Abendstunden aus dem Käfig. Der Vogel sitzt auf Ihrem Finger und Sie halten die Hand vor Ihr Gesicht. Beginnen Sie mit einfachen Dingen, zum Beispiel mit dem Namen des Vogels. Sie sagen den Namen immer und immer wieder. Am besten eignen sich Worte mit den Vokalen „a“ und „i“. Heißen deshalb viele Wellensittiche „Hansi“?

Lektion zwei

Wenn er seinen Namen sagen kann, bringen Sie ihm ein zweites Wort bei. Danach folgen weitere Einzelworte. Ist er begabt und lernt recht schnell, können Sie auch einfache Sätze mit ihm üben.

Nebenbei gelernt

Manche Wellensittiche brauchen gar keinen Unterricht. Sie schnappen nebenbei einzelne Worte auf, die sie irgendwann munter nachplappern. Man nennt das „spotten“. Wenn Ihre Wellis also vereinzelte Wörter in ihr Repertoire aufnehmen, bedeutet das, dass sie die Gesellschaft der Menschen akzeptieren und Kontakt aufnehmen wollen.

Hauptsache glücklich

Klappt das alles nicht, macht das auch nichts. Stecken Sie keinen falschen Ehrgeiz in Ihre Vögel, und freuen Sie sich lieber, dass es ihnen gut geht. Außerdem: Warum muss der Welli Ihre Sprache lernen? Drehen Sie doch einfach den Spieß um und tschilpen, plappern und trippeln Sie ein bisschen. Auch Ihnen kann ein wenig Sittichsprache nicht schaden.

Manche Wellensittiche schnappen auch im täglichen Umgang den ein oder anderen Begriff auf und plappern ihn nach.

Auf einen Blick

Wellensittiche verstehen

Geeignetes Spielmaterial für Wellensittiche

- Unbehandelte Äste und Hölzer aller Art, gern auch mit Laub
- Bastfäden, die sie zerfleddern können
- Wellensittichgitterbälle zum Schubsen, Rollen und Tragen
- Schaukeln und einseitig befestigte Äste, die wippen
- Leitern (die werden übrigens gern auch von alten Wellensittichen angenommen, die dann lieber zu Fuß ihren Käfig verlassen)
- Baumwollseile zum Klettern
- Pappröhren von Klopapier- und Küchenrollen

Die Sinne der Sittiche

Sehen

Wellis haben Adleraugen und können viele, viele Bilder innerhalb kürzester Zeit aufnehmen. Durch die seitlich sitzenden Augen und den beweglichen Hals haben sie einen Rundumblick. Zudem sehen sie die Welt in Farbe.

Hören

Die Ohren sind zwar gut versteckt, doch Wellis hören gut (etwa so wie wir Menschen). Wer viel erzählt, muss auch gut zuhören können.

Riechen und Schmecken

Der Geruchssinn ist nicht sonderlich gut ausgeprägt. Düfte spielen in der Welt der Wellensittiche keine große Rolle. Dafür sind sie aber kleine Feinschmecker: Sie können süß und salzig, bitter und sauer unterscheiden. Am meisten fahren sie auf salzige Sachen ab, obwohl diese ihnen gar nicht bekommen.

Fühlen

Wie beim Menschen auch ist die Haut das größte Sinnesorgan, mit dem sie auch fühlen können. Es werden sowohl Temperaturschwankungen als auch Berührungen wahrgenommen. Zudem hat der Wellensittich noch ein Organ in den Beinen, das kleinste Erschütterungen meldet.

Freiflug tut gut

Wellensittiche sind zum Fliegen geboren, und das müssen sie auch ausleben, sonst verkümmern und verfetten sie. Jeden Tag sollten die Vögel mindestens zwei Stunden Freiflug erhalten. Prüfen Sie zuvor, ob alle Fenster und Türen geschlossen sind und ob alle Gefahrenquellen beseitigt wurden.

Beschäftigung

Damit Ihre Wellis sich nicht langweilen, können Sie für Unterhaltungsprogramm sorgen. Bieten Sie ihnen Spielsachen und Futterspiele (Obstspieße, aufgehängte Apfelringe, eingeklemmte Petersiliensträuße) an, mit denen sie sich eine Zeit lang beschäftigen können. Somit ist auch gleich für ihr Unterhaltungsprogramm gesorgt.

Entflogen

Leider passiert es immer wieder, dass ein Wellensittich beim Freiflug ein offenes Fenster oder die Terrassentür erwischt und nun dem Ruf der weiten Welt folgt. Leider ist die große weite Welt nicht immer freundlich: Im Winter ist es zu kalt, Katzen und Greifvögel freuen sich über einen unbedarften Happen, und die Sache mit der Futtersuche ist auch nicht so einfach. Daher suchen die Wellensittiche nach Dingen, die ihnen vertraut sind: Menschen.

- Fragen Sie also in der Nachbarschaft, ob jemand einen Welli gefunden hat.
- Machen Sie einen Aushang im Supermarkt, und fragen Sie bei Tierärzten und Tierheimen in Ihrer Umgebung nach.
- Der ZZF-Suchdienst verwaltet die Meldungen über entflogene und zugeflogene Vögel per Computer und ermittelt so die Besitzer. Ein zugeflogener oder entflogener Vogel wird mittels einer vorgedruckten Postkarte gemeldet, die Sie bei Ihrem Zoofachhändler oder direkt beim Suchdienst bekommen können (Adresse im Service-Teil).
  Fragen Sie gleich beim Kauf eines Vogels nach einer solchen Karte und tragen Sie sofort die Ringnummer ein!

Bildnachweis

Die Farbfotos wurden von Peter Oppenländer/KOSMOS extra für dieses Buch aufgenommen. Weitere Farbfotos von Horst Bielfeld (6; S. 14 alle 3, S. 15 alle 3), Bildagentur IPO (1; S. 47 u.), G. Hoffmann & C. Mettke-Hoffmann (4; S. 8 beide, 9 beide), Horst Mayer (5; S. 48 alle beide, 49 alle 3), Hans Reinhard/Reinhard Tierfoto (2; S. I o., 69 o.r.) und Christof Salata/KOSMOS (13; S. 2 u.l., 24 beide, 25 alle 3, 26 r., 27 o. und m., 33 o., 51 u.l., 55 u., 65 o.).

Impressum

Umschlaggestaltung von eStudio Calamar unter Verwendung von zwei Farbfotos von Peter Oppenländer/KOSMOS.

Mit 158 Farbfotos.

Bibliografische Information der Deutschen Nationalbibliothek
Die Deutsche Nationalbibliothek verzeichnet diese Publikation in der Deutschen Nationalbibliografie; detaillierte bibliografische Daten sind im Internet über http://dnb.ddb.de abrufbar.

Gedruckt auf chlorfrei gebleichtem Papier

Unser gesamtes lieferbares Programm und viele weitere Informationen zu unseren Büchern, Spielen, Experimentierkästen, DVDs, Autoren und Aktivitäten finden Sie unter **www.kosmos.de**

ISBN 978-3-440-10379-1
Redaktion: Alice Rieger
Gestaltungskonzept: solutioncube GmbH, Reutlingen
Gestaltung & Satz: Atelier Krohmer, Dettingen/Erms
Produktion: Eva Schmidt
Printed in Germany / Imprimé en Allemagne

Register

Meine Serviceseite

Internet

www.die-wellensittich-page.de

www.sittich.de

www.sittichfreund.de

www.sittichseite.de

www.tieraerzteverband.de

www.vogelsuchsienst.de

www.welliworld.de

Zum Weiterlesen

Birr, Jochen:
Das Kosmos-Buch der Wellensittiche.
KOSMOS 2001.

Niemann, Rainer:
Meine Wellensittiche.
KOSMOS 2004.

Sielmann, Heinz:
Wellensittiche. Erleben, verstehen, beschäftigen. KOSMOS 2005.

Toll, Claudia:
Deine Wellensittiche. Was sie brauchen und was sie alles können. KOSMOS 2001.